Gewidmet den indigenen Nationen dieser Welt. Auf dass ihr die Führung übernehmt und wir in demütigem Schweigen folgen, so dass heilen möge, was seit so langer Zeit zerbrochen ist.
Aloha. Ubuntu. Mitákuye Oyásin.
I salute you.

Danke an Janet Fergusson für die großzügige Überlassung ihrer Wohnung in Magalas, damit ich dieses Buch schreiben kann.

«Können wir uns nicht ein gerechtes Recht vorstellen, d.h. ein Recht, dass unmittelbar plural und verstreut ist und das, anstatt ein einziges Verfahren durchzusetzen, den Akteuren die Möglichkeit gäbe, durch sich selbst zu bestimmen, was geschehen ist, wie sie es erleben und was Gerechtigkeit widerfahren lassen bedeutet?»

Geoffroy de Lagasnerie

Restorative Justice

Rehzi Malzahn

Restorative Justice.
Eine radikale Vision

Reihe
BLACK BOOKS

Schmetterling Verlag

Bibliografische Informationen der Deutschen Nationalbibliothek
Die Deutsche Nationalbibliothek verzeichnet diese Publikation in der Deutschen Nationalbibliografie; detaillierte bibliografische Daten sind im Internet über http://dnb.d-nb.de abrufbar.

Schmetterling Verlag GmbH
Libanonstr. 72A
70184 Stuttgart
www.schmetterling-verlag.de
Der Schmetterling Verlag ist Mitglied von aLiVe, der assoziation Linker Verlage.
ISBN 3-89657-047-1
1. Auflage 2022
Printed in Bulgaria

Satz und Reproduktionen: Schmetterling Verlag
Druck: Multiprint, Kostinbrod

Inhalt

Einleitung
Die Welt mit anderen Augen sehen

*«Was ist die angemessene Strafe für ein bestimmtes Verbrechen? Diese Frage hat Strafrechts-Philosoph*innen schon immer beschäftigt. Aber es scheint mir eine idiotische Frage zu sein, denn warum sollte man annehmen, dass Strafe überhaupt die angemessene Antwort auf Vergehen oder Verbrechen ist.»*
John Braithwaite, A future where punishment is marginalised: realistic or utopian?

Kindness desired, kindness provided, that is the first requirement.
Andreas Weber, Sharing Life

Auf das Strafen zu verzichten, bedeutet nichts weniger als einen Paradigmenwechsel. In «Strafe und Gefängnis» beschreibe ich Strafe als eine Säule der Herrschaft. Die Säule wegzutreten heißt, das Gebäude der Herrschaft ins Wanken zu bringen. – Nein, alles ist falsch an diesem Bild. Es geht um noch viel mehr und vor allem darum, die Dinge völlig anders zu betrachten und somit Praktiken zu entwickeln, die nicht einfach das Gegenteil des Bestehenden sind, ja, die *noch nicht einmal* quer zur ursprünglichen Frage stehen, sondern die Frage selbst transformieren. Gebäude, Säulen, Einsturz. Das ist statisches, mechanistisches Denken. Paradigmenwechsel, das heißt, den Boden, aus dem die Fragestellung erwächst, selbst zu hinterfragen. Was sehe ich, wenn ich keine Täter*innen mehr sehe, deren Bestrafung als Notwendigkeit Gegenstand einer kriminalpolitischen und philosophischen Debatte ist?

Was würde es heißen, eine relationale Sichtweise zu üben, also die indigene Erkenntnis ernstzunehmen, dass «ich bin weil du bist», dass wir die Welt ständig gemeinsam erschaffen, dass wir also miteinander verbunden sind? So fremd ist das linker Theorie nicht, eine Ahnung davon findet sich in der Überlegung, dass unsere Sozialisierung uns «macht» und es daher kollektive Verantwortlichkeit der Gesellschaft gibt. In «Verurteilen. Der strafende Staat und die Soziologie» widmet Geoffroy de Lagasnerie einen großen Teil seiner Überlegungen der Frage nach der individuellen und kollektiven Verantwortung. Für ihn ist die Idee der individuellen Verantwortung eine Erzählung zur «Schaffung schuldiger Subjekte» (S.119), um eine inkriminierte Handlung nicht «zu verstehen, zu verallgemeinern, zu politisieren» (S.118), sprich zu sozialisieren, den gesellschaftlichen Anteil in Rechnung zu stellen. Stattdessen werden die Gründe für eine Tat in die beschuldigte Person hineinverlagert, dies bezeichnet er als «Endogenisieren». Man muss jedoch, so de Lagasnerie, die Konsequenzen aus soziologischem Denken ziehen und radikal akzeptieren, dass «die Gesellschaft kollektiv und objektiv im Geschehen am Werk ist». (S.129) Dann jedoch würde «eine bedingungslose Verantwortung über uns hereinbrechen» und wir wären «zum Handeln aufgerufen» (S.172), das heißt, wir müssten bei jeder verletzenden Handlung nach unserem Anteil suchen und für eine bessere Gesellschaft eintreten – eine individualisierende Sichtweise erlaubt uns, dem zu entgehen. Und auch deswegen ist der Diskurs des Strafrechts so erfolgreich: Er ermöglicht Bequemlichkeit, Anteilslosigkeit und das Ignorieren dessen, was es heißt, ein soziales Wesen zu sein.

Strafjustiz als Kolonialismus

Der Satz, dass Strafe sein muss und es Leute gibt, die sie verdient haben, ist weitgehend unhinterfragtes Allgemeingut und er kommt mit der tiefen Überzeugung daher, dass dies schon immer so war. Tatsächlich ist das falsch. Strafe und gar eine Strafjustiz ist die menschheitsgeschichtliche Ausnahme. Dass wir das heute gar nicht mehr wissen – weder, dass auch in Europa bis vor circa achthundert Jahren kaum gestraft wurde, noch, dass in vielen Gebieten des Planeten das Strafregime von den weißen Kolonisator*innen aufgezwungen wurde – zeugt davon, wie tief sich die Ideologie der Strafe in unser kollektives und individuelles Gedächtnis eingebrannt hat. Doch es war eine

Herrschaftsstrategie, die katholische Kirche wollte die Macht über die Seelen der Leute und damit auch über ihr irdisches Leben erlangen. Ein Weg führte über die Uminterpretierung der Verletzung einer Person in die Verletzung (göttlichen) Gesetzes, welches nicht, wie ersteres, durch einen Ausgleich wiedergutzumachen war, sondern als Sünde nur durch Buße, also Leiden, gesühnt werden konnte. Daher die noch heute allgegenwärtige Idee, dass Tatverantwortliche leiden müssten. Der Schadensersatz war ab nun zudem als Strafzahlung an die Kirche bzw. den Staat zu leisten.[1]

Die Konflikte, die Deutungshoheit über sie und ihre Regulierung wurden den Menschen geraubt (so Nils Christie in «Konflikte als Eigentum») und die entsprechende Ideologie hat ihr Denken kolonisiert: So stehen wir heute da und können uns kaum mehr etwas anderes vorstellen als individuelle Bösewichte durch Leidzufügung zu «erziehen». Schließlich exportierten die weißen christlichen Kolonisatoren diese Ideologie in den Rest der Welt und zerstörten die dortigen Gerechtigkeitspraxen – dem indigenen Widerstand sei Dank, dass sich Vieles dennoch erhalten hat. So können wir heute dorthin blicken und uns zeigen lassen, wie man die Dinge anders sehen und mithin auch anders reagieren kann: Die Gesellschaft bringt jede Handlung mit hervor und ist auch von ihr betroffen. Im Zentrum stehen Heilung und Wiedergutmachung. Es geht nicht ums Recht haben, sondern um menschliche Verbindung und um die Frage, was es dafür braucht und was wer dazu beitragen kann. Alle haben Verantwortung.

In gewisser Hinsicht bedeutet dieser restorative Weg ein «Zurück in die Zukunft». Wir machen uns auf, alte Verfahren wiederzuentdecken, um das Bestehende zu überwinden, da es schlecht ist und nichts taugt. Das geht aber nur, wenn wir anerkennen, dass es mit dem Einüben von neuen Methoden nicht getan ist und wir vielmehr ein anderes In-der-Welt- und Miteinander-Sein erlernen müssen. Was heißt es, wirklich anzuerkennen, dass es keine individuelle *Schuld*, aber kollektive *Verantwortung* gibt? Was heißt das *wirklich?*

1 Vgl. Gerry Johnstone: The theological roots of judicial punishment. In: ders: Restorative Justice. Ideas Values, Debates. Routledge, Oxon, UK 2011, S. 160 ff. Und Didier Fassin: Der Wille zum Strafen, Suhrkamp, Berlin 2018, S. 63 ff.

We don't find the answers, we lose the questions.

Wir brauchen, so schreibt Andreas Weber in «Sharing Life»[2], ein gründliches und offenes neues Denken, das den Mut hat, unsere tiefsten Grundüberzeugungen in Frage zu stellen. Denn es geht um nichts weniger als eine echte Dekolonialisierung, nicht als moralischen Imperativ, aus Schuldgefühlen heraus, sondern aus der Erkenntnis, dass unser Denken, das «Western Cognitive Empire», wie er es nennt, in die Katastrophe geführt hat und weiterhin führt. Es ist ein Denken der Trennung, des Auseinanderdividierens und Kategorisierens, die cartesianische Kompartementalisierung. Sie definiert außen und innen, oben und unten, hinten und vorne, gut und böse, richtig und falsch, Subjekt und Objekt – und sortiert dann die Welt entsprechend ein. Teile und herrsche. Dies jedoch wird nicht nur der lebendigen Realität überhaupt nicht gerecht, es ist Herrschaftspraxis und richtet enormen Schaden an – an uns selbst und den anderen – und führt, wie Weber schreibt, «unvermeidlich zur Zerstörung von beiden». (S. 40)

Die Strafjustiz ist Teil des westlichen Imperiums, mit ihrer Individualisierung von Schuld, ihrer Konzentration auf den Regelbruch, anstatt auf die Verletzung der Betroffenen, ihrer gegnerschaftlichen Konzeption des Verfahrens, ihren trennenden Vorgehensweisen mit definierten Rollen, die jeden Kontakt und jedes Verständnis der Konfliktbeteiligten blockieren, und ihrer Besessenheit mit dem Strafen und der Machtdemonstration des Staates. Geoffroy de Lagasnerie ruft am Ende seines Buches dazu auf, sich ein «gerechtes Recht» vorzustellen, «...ein Recht, das unmittelbar plural und verstreut ist und das, anstatt ein einziges Verfahren durchzusetzen, den Akteuren die Möglichkeit gäbe, durch sich selbst zu bestimmen, was geschehen ist, wie sie es erleben und was Gerechtigkeit widerfahren lassen bedeutet.» (S. 246)

Restorative Justice (RJ) birgt, als Teil eines indigenen, nichtwestlichen Erbes der Menschheit, das Potential, ein solches gerechtes Recht zu sein. Sie wäre Teil einer (Selbst-)dekolonisierungspraxis – Dekolonisierung unserer Gedanken vom Framing

2 Andreas Weber: Sharing Life. Ecopolitics of reciprocity Heinrich Böll Stiftung Delhi & Berlin, December 2020. https://biologyofwonder.org/de/node/26

der Strafjustiz, Dekolonisierung der Welt von der Herrschaft des weißen Justizsystems. Ernstgenommen und wahrhaftig umgesetzt bedeutet Restorative Justice einen Paradigmenwechsel: «Changing Lenses», wie der RJ-Pionier Howard Zehr seinen wegweisenden Aufsatz genannt hat[3]. Anstatt zurückzublicken und herauszufinden, was genau und vermeintlich objektiv passiert ist, wer welche Schuld trägt, welches Gesetz gebrochen hat und wie bestraft werden muss, blicken wir nach vorne, akzeptieren die Wahrnehmungen der Betroffenen und Beteiligten und fragen, wer welchen Teil der Verantwortung für Heilung, Transformation und Wiedergutmachung trägt und übernehmen kann. Im Mittelpunkt stehen die Bedürfnisse der Betroffenen. Kollektive Verantwortung kann zum Tragen kommen. Die Beschuldigten werden nicht nur an ihrer Übeltat gemessen, sondern ihre Fähigkeit, Positives beizutragen, wird anerkannt, gefördert und ihnen abverlangt. Die Situation danach ist idealerweise besser als davor. Die Bedingungen, die die Tat hervorgebracht haben, wurden bearbeitet. Alle haben etwas gelernt, sind gewachsen und empfinden möglicherweise Verbundenheit, wo vorher Misstrauen oder Gleichgültigkeit war. Nichts kann ungeschehen gemacht werden. Aber aus Schlimmem muss nicht noch Schlimmeres erwachsen. Es ist weder zynisch gemeint noch eine Forderung an Betroffene, aus dem Schlimmen etwas Gutes zu machen. Aber wenn es geht, wäre es nicht interessant, es zu versuchen?

---

3 Howard Zehr: Changing Lenses. A new focus on crime and justice. Herald Press, o. O. 1990.

Kapitel 1
Wie alles anfing.
Erste Fälle und indigene Wurzeln

> *«Nichts ist so mächtig wie eine Idee, deren Zeit gekommen ist.»*
> Victor Hugo
> (Motto des französischen Institut pour la Justice Restorative)

Es ist schwierig, die genaue Entstehungsgeschichte von einem Phänomen wie Restorative Justice (RJ) zu beschreiben. Ideen gesellschaftlicher Veränderung liegen manchmal einfach in der Luft. Wann und warum aber war die Zeit von Restorative Justice gekommen?

In der Regel werden die Anfänge auf die siebziger Jahre des 20. Jahrhunderts datiert. In meiner Deutung entstand RJ in einem Konglomerat aus antikolonialen Befreiungskämpfen, der Suche nach gesellschaftlichen Alternativen, sozialen Bewegungen, kritischer Theoriebildung und dem, was als «die Krise der Strafjustiz» bezeichnet wird. Diese geriet damals massiv unter Beschuss: Theoretiker*innen wie Michel Foucault, Heinz Steinert, Angela Davis oder Thomas Matthiessen konstatierten ihr Versagen, Untauglichkeit und ein faules Fundament aus Rassismus, Sexismus und Inquisition.[4] In vielen Ländern stieg die Kriminalitätsrate genauso schnell wie die Inhaftierungsrate und es ließ sich schwer leugnen, dass mehr Strafen nicht zu weniger Straftaten führte.[5] Insbesondere im Jugendbereich herrschten

4 Vgl. Michel Fouault: Überwachen und Strafen, 1976. Thomas Mathiesen: The Politics of Abolition,1974. Fay Honey Knopp: Instead of Prisons: A Handbook for Abolitionists, 1976; Nils Christie: Limits to Pain, 1981; Louk H.C. Hulsman/Jacqueline Bernat de Celis: Peines Perdues. Le système pénale en question, 1982; Gründung der International Conference on Penal Abolition (ICOPA) 1983.

5 In den Ländern der sog. Westlichen Welt wird zwischen den Jahren 1950–1990 ein Anstieg der Kriminalitätsrate verzeichnet, der zum vorangehenden und nachfolgenden Trend des allgemeinen Rückgangs insbesondere von Gewaltdelikten im Kontrast steht. Die Gründe dafür sind

katastrophale Zustände, inklusive hoher Zahlen der Unterbringung in Heimen, wo wiederum autoritäre und gewaltvolle Verhältnisse die Jugendlichen rebellieren ließen[6]. Gleichzeitig verlangten indigene Bevölkerungsgruppen in durch Weiße kolonial besiedelten Ländern wie USA, Kanada, Australien und Neuseeland im Rahmen antikolonialer Befreiung nach Selbstbestimmung und Souveränität auch im Bereich der Justiz.[7] Dazu gesellte sich die aufkommende Mediationsbewegung, die in den USA «Community Mediation» anbot, vielerorts wurde an Konfliktlösungsmodellen gearbeitet, in USA und Kanada entstand das «Victim Offender Reconciliation Program» (VORP).

Zwei Meilensteine werden für die Entwicklung von RJ immer wieder genannt: der «erste Fall» in Kanada (1974) und der Aufsatz «Konflikte als Eigentum» des norwegischen Kriminologen Nils Christie (1977).

---

nicht ganz geklärt. Ein verändertes Anzeigeverhalten und sinkende Toleranz gegenüber bestimmten, insbesondere Gewaltdelikten werden oft genannt (vgl. Wikipedia Artikel zu Kriminalitätsrückgang https://de.wikipedia.org/wiki/Kriminalit%C3%A4tsr%C3%BCckgang)Ein Zusammenhang zwischen repressiver Strafpolitik und Rückgang kann nicht belegt werden.

6 Vgl. z. B. Ulrike Meinhof: Bambule. Fürsorge – Sorge für wen? In: Rotbuch Nr. 24, Klaus Wagenbach, Berlin 1971; Marita Schölzel-Klamp, Thomas Köhler-Saretzki: Das blinde Auge des Staates: Die Heimkampagne von 1969 und die Forderungen der ehemaligen Heimkinder, Verlag Julius Klinkhardt, Bad Heilbrunn 2010; oder auch die Gründung der Sozialistischen Selbshilfe Köln (SSK) und anderer Selbsthilfevereine, dokumentiert z. B. hier: Lothar Gothe & Rainer Kippe: Aufbruch – 5 Jahre Kampf des SSK – Von der Projektgruppe für geflohene Fürsorgezöglinge über die Jugendhilfe zur Selbsthilfe verelendeter junger Arbeiter, Verlag Kiepenheuer & Witsch, Köln 1975.

7 «In 1959, the Navajos formed their own court system and destroyed the family system of justice. Zion was first hired as head lawyer of the Navajo court system in 1981.» (Laura Mirsky: Restorative Justice Practices of Native American, First Nation and Other Indigenous People of North America: Part One. https://www.iirp.edu/news/restorative-justice-practices-of-native-american-first-nation-and-other-indigenous-people-of-north-america-part-one; letzter Zugriff 28.7.2021.) So folgte z. B. die Verabschiedung des Treaty of Waitangi Act in Neuseeland, der Rechtsansprüche, die sich aus dem Vertrag von Waitangi ergeben, durch ein Tribunal untersuchbar macht, im Jahr 1975. Dieses Gesetz ist das Ergebnis wiederaufkeimender Souveränitätsbestrebungen der Maori, die nach dem Zweiten Weltkrieg begannen.

Für den «ersten Fall» sollen zwei junge Sozialarbeiter in Elmira, Ontario (Kanada) in einem Fall von 22 Eigentumsdelikten die Idee gehabt haben, dem zuständigen Richter statt einer Gerichtsverhandlung ein VORP vorzuschlagen. Ihr Vorgehen begnügte sich damit, den beiden Beschuldigten vor dem Treffen mit den Betroffenen zu sagen: «Ihr klopft an und sagt, dass ihr die Beschuldigten seid. Wir sind direkt hinter euch.» Trotz dieses reichlich unausgegorenen Vorgehens war der Fall ein solcher Erfolg, dass er als Gründungsmoment für die Restorative-Justice-Bewegung gilt.[8]

Nils Christie wiederum war ein norwegischer Kriminologe, der mehrere Schlüsselbegriffe und -Konzepte der Restorative Justice entscheidend mitgeprägt hat. In seinem noch heute viel zitierten Aufsatz im British Journal of Criminology[9] argumentiert er, dass die moderne Strafjustiz die Opfer, Täter*innen und deren Umfeld um Mitwirkung an ihrem eigenen Konflikt bringt. In einem modernen Gerichtsverfahren, schreibt er, sind zwei Dinge passiert. Erstens werden die Konfliktparteien vertreten. Zweitens ist die Partei, die vom Staat vertreten wird, nämlich das Opfer, so umfänglich vertreten, dass es gleich vollständig ausgeschlossen und lediglich zur Initiator*in des Verfahrens (und ggf. Zeug*in) degradiert wird. Das Opfer ist somit mehrfacher Verlierer: Es wurde nicht nur durch die Tat verletzt und der Staat kassiert auch noch an seiner Stelle die Reparation in Form von Geldstrafe ein, sondern es hat auch jedes Mitbestimmungsrecht in seinem eigenen Fall verloren. Verlieren tun aber auch die Täter*innen, nämlich die Möglichkeit, mit den Betroffenen über Möglichkeiten der Wiedergutmachung zu sprechen sowie als mehr als nur die Summe von biologischen, psychologischen oder sozialen Defiziten gesehen zu werden und, nicht zuletzt, ein Mitspracherecht in den ihnen auferlegten Konsequenzen zu haben. Das soziale Umfeld verliert die Möglichkeit, Opfer und Täter*innen bei der Lösung zu unterstützen und auf die eigene Verantwortung zu schauen sowie eigene Betroffenheit mit zur Sprache zu bringen. Und Gesellschaften verlieren den Konflikt

8 Howard Zehr: Doing Justice, Healing Trauma. The Role of Restorative Justice in Peacebuilding. Peace Prints, South Asian Journal of Peacebuilding, Vol. 1 No.1 Spring 2009, S.1.

9 Deutsche Fassung in: ders.: Grenzen des Leids, AJZ Verlag Bielefeld 1986.

und seine Austragung als demokratisches Mittel der Diskussion, Bestätigung oder Veränderung von Normen.

Diese vernichtende Kritik, der Staat habe mit der Strafjustiz die Menschen massiv bestohlen und es ginge darum, sich die Deutungshoheit und Souveränität über die eigenen Konflikte, auch die gewaltvollen und schmerzhaften, wieder anzueignen, inspiriert seitdem Generationen von Restorative-Justice-Theoretiker*innen und -Praktiker*innen. Und sie ist für mich ein Schlüssel für die Frage, welche Haltung RJ gegenüber der Strafjustiz haben darf (nämlich eine sich entziehende, auf misstrauische Distanz gehende) und welches Potential für die Beteiligten– nämlich das des Empowerment und der Selbstverwaltung – in ihr liegen.

Seit diesen frühen Zeiten ist viel passiert. In Hunderten von Büchern und Artikeln wurden theoretische Überlegungen formuliert, über Ansätze gestritten, Prinzipien aufgestellt und Anleitungen für die Praxis verfasst. Etliche Forschungsprojekte beschäftigen sich mit der Effektivität, den Auswirkungen und der Anwendbarkeit von RJ in unterschiedlichen Kontexten. Nach und nach wurden in vielen Ländern Pilotprojekte durchgeführt, die dann in Gesetzesreformen mündeten, in welchen RJ als Option im Jugendstrafverfahren, später auch im Erwachsenenstrafprozessrecht, eingeführt wurde. In fast allen Fällen ist in der Umsetzung vom Spirit Nils Christie's nicht mehr viel zu spüren. Restorative-Justice-Verfahren, wie etwa im deutschsprachigen Raum die Mediation im Strafverfahren – der Täter-Opfer-Ausgleich (TOA) oder Tatausgleich –, sind ein Anhängsel der Strafjustiz, vom Gutdünken der Staatsanwält*innen und Richter*innen abhängig, und den Normen und Bedingungen dieses doch sehr starren, Herrschaftsinteressen dienenden Apparats unterworfen.

In Deutschland wurde nach einem Versuch in Reutlingen im Jahr 1986 der «Jugend-TOA» 1990 in das Jugendgerichtsgesetz (§§ 10, 45, 47) aufgenommen. Im Jahr 1994 folgte der Erwachsenen-TOA im § 46a StGB und 1999 in den §§ 155a und b StPO. In Österreich wurde 1985 ein Versuch für den Tatausgleich im Jugendbereich unternommen. Das «Modellprojekt Konfliktregelung» wurde 1987 als erfolgreich abgeschlossen und 1988 als «außergerichtlicher Tatausgleich» in das Jugendgerichtsgesetz (§7) übernommen. 1992 folgten Modellprojekte für Erwachsene, die aber erst 1999 durch eine umfassende

Verankerung der Diversion gesetzlich verankert werden (§§ 198 – 209b der StPO und §§ 29, 29a und 29b des Bewährungshilfegesetzes). Durch die einheitliche landesweite Zuständigkeit des Vereins «Neustart» und entsprechender flächendeckender Finanzierung galt Österreich jahrelang als Vorreiter in Sachen Restorative Justice in Europa. Die Schweiz kennt lediglich eine seit 2011 existierende, bundesweit einheitliche Regelung zur Mediation im Jugendstrafrecht (Art. 5 Abs. 1 lit. b und Art. 17 JstPO/CH).[10] 1999 gab die EU «Empfehlung R (1999)19 zu Mediation in Strafsachen» heraus, die UN veröffentlichten 2002 ihre «Grundprinzipien für den Einsatz von Programmen der ausgleichsorientierten Justiz in Strafsachen« und 2018 verabschiedete das Ministerkomitee des Europarats die Empfehlung R (2018)8 zu Restorative Justice in strafrechtlichen Kontext[11]. Fast nirgends auf der Welt übersetzt sich dieser gesetzgeberische Elan in Fallzahlen und so konstatieren Praktiker*innen in vielen Ländern ein «Implementation Gap»: Zwischen gesetzlicher Möglichkeit und tatsächlicher Anwendung tut sich eine Lücke auf.

Was sich in den allermeisten Ländern nicht herausgebildet hat, ist eine Bürger*innenbewegung, die für den Einsatz von Restorative Justice streitet. Auch politische Aktivist*innen (zumindest weiße Europäer*innen) beginnen erst jetzt, mehr als vierzig Jahre nach den Anfängen von RJ, sich für eine Anwendung in ihren Kreisen zu interessieren. Somit fehlt es auch an radikaler Praxis, die restorative Verfahren herrschaftskritisch hinterfragt und weiterentwickelt[12], sowie an mündigen Bürger*innen, die die Möglichkeit eines RJ-Verfahrens selbstbewusst von der Justiz einfordern, wenn sie beschuldigt oder betroffen sind. Das alles hemmt eine eigenständige Fortentwicklung von Restorative Justice.

10 Sonia Pflaum, Floriaan Went & Veio Zanolini: Restorative Justice in der Schweiz. In TOA-Magazin 2/2016, S. 38.

11 «CM/Rec(2018)8 CoE concerning Restorative Justice in Criminal Matters»

12 Transformative Justice kann als eine solche Weiterentwicklung gesehen werden, verliert aber leider die machtvolle Begegnung zwischen Betroffenen und Beschuldigten aus dem Blick und ist zudem sehr auf häusliche/partnerschaftliche/geschlechtsbezogene Gewalt zugeschnitten.

Indigene Wurzeln

Es gibt aber auch eine andere Erzählung, die das indigene Erbe der Restorative-Justice-Verfahren stärker würdigt. All die Verfahren und Ansätze, die sich ab den Siebzigern in den westlichen Ländern entwickelten, verdanken sich weder der Genialität weißer Sozialarbeiter*innen oder Theoretiker*innen noch fielen sie vom Himmel. Sie sind, wie auch der Begründer der Gewaltfreien Kommunikation, Marshall Rosenberg, immer wieder betont hat, Jahrhunderte alt und überall auf der Welt zu finden. Restorative-Justice-Verfahren haben ihre Wurzeln in indigenen Praktiken.

Nun gibt es viele verschiedene indigene Nationen auf allen Kontinenten, und ebenso viele Praktiken und Weltsichten. Dennoch kann man von einer Gemeinsamkeit indigenen Denkens sprechen, welches den westlichen Ansätzen diametral gegenübersteht. Während westliches Denken zu Antagonismen, Statik und Objektifizierung tendiert, ist indigenes Denken inklusiv und gemeinschaftsorientiert und hat einen ganzheitliches und dynamisches Verständnis von der Welt.[13] Indigenen Weltzugängen gemeinsame philosophische Annahmen sind unter anderem die Idee der Ganzheit: Alles im Universum ist Teil eines großen Ganzen. Man kann daher ein einzelnes Ding nicht verstehen, solange man nicht sieht, wie es mit allem anderen zusammenhängt. Die Annahme ständigen Wandels: Alles befindet sich in Entwicklung, nichts ist konstant außer der Veränderung selbst. Gleichgewicht, Gleichberechtigung und Gegenseitigkeit sind wichtig für Stabilität, denn: Alle sind ein Teil des großen Ganzen und daher miteinander verbunden. Entwicklung kann nur durch Einheit gelingen; das Sichtbare und das Unsichtbare sind real und zwei Seiten der gleichen Realität. Störungen auf einer Seite führen zu Störungen auf der anderen. Alle Lebewesen und Naturerscheinungen (Berge, Seen, Flüsse, der Wind...) erschaffen die Welt gemeinsam und sie sind Personen, mit de-

13 Zu statischen westlichen Denken siehe z. B. Marshall Rosenberg: Gewaltfreie Kommunikation. Eine Sprache des Lebens, S. 45f.
Die Dynamik und Verbundenheit im indigenen Denken beschreibt sehr schön Tiokasin Ghosthorse von den Dakota River Nation in: Beyond words: a discussion with Tiokasin Ghosthorse. www.wholeterrain.com/201504beyond-words-a-discussion-with-tiokasin-ghosthorse/ (letzter Zugriff 8.5.2022).

nen man kommunizieren kann, keine zu konsumierenden Objekte.

Der Navajo/Diné[14]-Peacemaking-Trainer Robert Begaye sieht die Fundamente von den in westlichen Ländern implementierten Restorative-Justice-Verfahren ganz klar in indigenen Modellen der Unrechtsbewältigung, welche den Fokus auf Ausgleich, Harmonie, Gemeinschaft, Wiedergutmachung, Versöhnung, Menschlichkeit und sozialer Gerechtigkeit legen.[15] Die Methode ist immer der Kreis, die Zusammenkunft aller Mitglieder einer Gemeinschaft in einem gleichberechtigten Raum des Sprechens und Zuhörens.

Im Zentrum vieler afrikanischer Gesellschaften steht das Konzept «Ubuntu». Ubuntu ist Kisuaheli und gilt als schwer in westliche Sprachen zu übersetzen. Es heißt soviel wie «die natürliche Verbundenheit von Personen durch ihre Menschlichkeit» und ist eine Anerkennung der gegenseitigen Abhängigkeit, auf welcher Wohlergehen, Glück und Mitgliedschaft in der Gemeinschaft beruhen. Ausgedrückt in einer Weisheit der südafrikanischen Gesellschaft Xhosa: *umuntu ngumuntu ngabantu* (eine Person wird zu einer Person durch andere Personen). Anders gesagt: «Ich bin, weil du bist» oder auch «Was immer mit dir los ist, ist auch mit mir los». Das bedeutet, dass Konfliktregelung alle Anteile und Parteien, die in Mitleidenschaft gezogen wurden, berücksichtigen muss, da Heilung so lange unmöglich ist, wie ein Teil noch leidet. Leidzufügung in Form von Strafe fällt somit als Lösung aus. Es macht auch keinen Sinn, wenn jemand gewinnt und jemand verliert, da alle Anteil an allem haben. Das Konfliktregulierungssymbol *Mpatapo*, der «Friedens- und Versöhnungsknoten» der Adinkra aus Ghana drückt diese Verbundenheit ebenfalls aus.[16] Die Lakota in

14 Ich werde immer wieder, wo möglich, neben den kolonialen auch die indigenen Bezeichnungen benutzen, z.B. Navajo/Diné, Nordamerika / Turtle Island, Neuseeland/Aotearoa etc.

15 Siehe: The Union of the Condor, Quetzal and Eagle: Foundation Documents, 2020. Andreas Weber: Sharing Life, Animism as Ecopolitical Practice. June Terpstra: Indigenous Models of Justice – Moving beyond Tragedies, 2013. June Terpstra: Restorative Justice and Transformative Justice, 2013.

16 Don John O. Omale: Justice in History: an examination of «African Restorative Traditions» and the emerging «Restorative Justice» Paradigm. In: African Journal of Criminology & Justice Studies: AJCJS; Volume 2, No. 2, November 2006.

Nordamerika / Turtle Island sagen *Mitákuye Oyásin:* Ich bin mit allem verwandt / wir sind alle verwandt. Die Basis indigenen Hawai'ianischen Denkens ist *Aloha*, ebenfalls ein Begriff, der die Einheit von allem mit der Natur beschreibt. Dieses Denken der Verbundenheit drückt sich in Hawai'ianischen Konfliktregulierungsverfahren aus. Das Ritual *Ho'oponopono* ist eine Konferenz, in der zwischenmenschliche Konflikte durch Gebete, Aussprache, Verantwortungsübernahme, Reue und gegenseitige Vergebung gelöst werden. Es gibt inzwischen eine ganze Reihe an Abwandlungen des ursprünglichen *Ho'oponopono*-Rituals, die Eingang in westliche Modelle der Konfliktbearbeitung und Selbstentwicklung gefunden haben. Im Pazifikstaat Samoa werden Konflikte – auch solche äußerst schmerzhafter Art – durch das Vergebungsritual Ifoga geklärt.[17]

Zu einiger Berühmtheit ist mittlerweile das Peacemaking der nordamerikanischen First Nation Navajo/Diné gelangt. Menschen aus aller Welt besuchen die Workshops der Diné-Peacemaker. Ein zentrales Element der Diné-Kultur sind verschiedene Formen von Respekt: Selbstrespekt, Respekt gegenüber der Existenz und Mutter Erde, die alles erschaffen hat, sowie dem Universum. Dabei spielt das Konzept *k'e* eine zentrale Rolle. K'e kann als «gegenseitiger Respekt» übersetzt werden, aber auch als «Solidarität und Gegenseitigkeit» oder «was ich tue hat Auswirkungen auf dich, was du tust, hat Auswirkungen auf mich». Wenn es zu einem Konflikt kommt – sei es innerhalb des Geistes einer Person oder zwischen Personen, bedeutet das Chaos *hóóchxǫ'l anáhóót'i'*. Die Aufgabe der Peacemaker ist, es den Personen die Konfrontation mit dem *hóóchxǫ'l anáhóót'i'* zu ermöglichen, um wieder in ein Gleichgewicht, *hózhǫ́*, zu kommen. Dieser Prozess nennt sich *hozhooji naat'aanii*. Die Menschen sollen lernen, *hózhǫ́* selbst zu pflegen, denn es ist unsere Pflicht, die Harmonie der Dinge zu erhalten und zu nähren. Das schließt vorübergehende Zustände von Chaos nicht aus, denn diese sind für Entwicklung notwendig. Ein typischer Diné-Peacemaking-Circle behandelt folgende Fragen: 1. Was ist passiert? 2. Warum ist es passiert? 3. Was tun wir jetzt damit? (Lösung und Entwicklung besserer Handlungsweisen) 4. Wie können wir heilen? Sie werden begleitet von Ritualen und Ge-

17 Siehe Jan de Cock: Hotel Pardon. Wege der Vergebung. Kunth Verlag, München 2015. S.211 ff.

beten: «Manchmal müssen alle eine Weile rauchen und beten», sagt Robert Begaye.[18]

Für Westler*innen mag es befremdlich sein, sich auf diese Weltsicht einzulassen, es ist in meinem Verständnis aber unerlässlich, sie zumindest ansatzweise zu begreifen, und vor allem, sie als ebenbürtig und sinnvoll zu respektieren. Viele der Dynamiken in Restorative-Justice-Verfahren gelingen erst, wenn man sich ein Stück weit darauf einlässt. Sprechen und Zuhören in einem «heiligen» Setting sind essentiell anders als an einem Bartresen oder in einem Büromeeting. Die Qualität dieses Sprechens und Hörens hängt mit den Ideen und Praktiken indigener Wissenssysteme und Weltzugänge zusammen. Es ist an uns, Zugänge zu finden und Adaptionen vorzunehmen, die keine Kooptierung indigenen Wissens sind, sondern eine Praxis, die zu uns passt, aber ihrem Vorbild Respekt zollt und die Geschichte des weißen (kulturellen) Imperialismus im Kopf behält. Der australische RJ-Theoretiker John Braithwaite schlägt vor, das Beste aus beiden Welten – Individualismus und Kommunitarismus – zu nehmen, um so Vorgehensweisen zu schaffen, die sowohl ein faires Verfahren, Rechte und Schutz vor Ausbeutung und Dominierung garantieren als auch der Verbundenheit aller Dinge miteinander und der Kollektivität unserer Existenz in unseren Handlungen und unserer Betroffenheit gerecht werden. In einer guten Gesellschaft, schreibt er, schaffen starke Gemeinschaften starke Individuen und umgekehrt.[19]

18 Vgl. Laura Mirsky, Fußnote 4 sowie June Terptra, Fußnote 8.

19 Siehe John Braithwaite: Restorarative Justice and a Better Future. In: Dalhousie Law Review, Frühling 1996, 76:1.

Kapitel 2
Prinzipien, Werte und theoretische Grundlagen

«Restorative Justice, verstanden als intellektuelle Tradition oder politische Praxis, beinhaltet Ideen radikaler Transformation. Demgemäß ist RJ nicht einfach ein Ansatz zur Reformierung der Strafjustiz, sondern ein Weg der Veränderung unseres gesamten Rechtssystems, unseres Familienlebens, unseres Verhaltens am Arbeitsplatz und der Art, wie wir uns politisch betätigen. Es handelt sich um die Vision ganzheitlicher Veränderung unserer Gerechtigkeitspraxen. Restorative Justice heißt, sich auf so restorative Weise wie möglich gegen Unrecht und Ungerechtigkeit einzusetzen.»
John Braithwaite, Principles of RJ

Restorative Justice ist ein Überbegriff für verschiedene Verfahren der Unrechtsbewältigung, die grundsätzliche Werte und Prinzipien miteinander teilen. Es ist nach meinem Verständnis wichtig, zu begreifen, dass dies *keine Methoden* sind, die man anwendet und ansonsten alles lässt, wie es ist, sondern dass RJ-Verfahren mit einer anderen Haltung und Sicht auf die Dinge einhergehen. Ich begreife RJ daher als Teil von kultureller Veränderung.

Zu dieser Sicht gehören auch andere Begriffe oder Umdefinitionen von üblichen Begriffen. So wird von *Verletzungen* oder *Leidzufügungen,* gesprochen und nicht von Straftaten, da die Tatsache, dass etwas strafbar ist, nichts darüber aussagt, inwiefern jemand verletzt wurde. Hier wird die Täterzentriertheit der Strafjustiz (war die Handlung strafbar?) ersetzt durch Betroffenenzentriertheit (wer wurde verletzt und wodurch?). Menschen, die verletzt wurden oder von einer Handlung und ihren Auswirkungen betroffen sind, werden *Betroffene,* seltener Opfer genannt. Auch *Überlebende* kann in manchen Kontexten sinnvoll sein. Diejenigen, die die schädigenden Handlungen ausgeführt haben, werden nicht als *Täter*innen* gelabelt, sondern *Tatverantwortliche*, manchmal auch *Beschuldigte* oder *Verursacher*innen* genannt. Stigmatisierende Zuschreibungen wie *Mörder*in* werden vermieden, da Menschen nicht auf einzelne Handlungen reduziert, sondern in ihrer ganzen komplexen Persönlichkeit gesehen werden. Jede Person ist auch ein wertvolles Mitglied der Gesellschaft und soll nicht mit dem «schlimmsten Moment ihres Lebens» identifiziert werden. Der Blick richtet sich nicht auf die Defizite, sondern auf die Fähigkeiten und Kapazitäten, denn sie werden für Bearbeitung und Lösung gebraucht. Insgesamt wird im Rahmen von RJ-Verfahren weniger in die Vergangenheit geschaut, um dort Schuld festzustellen, als in Gegenwart und Zukunft, um nach Bedürfnissen, Verantwortlichkeiten und Wegen der Wiedergutmachung zu sehen.

Die Frage nach der *Schuld* konzentriert sich darauf, was mit jemandem nicht stimmt, und wirkt belastend. Leidzufügung in Form von Bestrafung ist dafür die gängige Lösung. *Verantwortung* fokussiert darauf, was jemand tun kann, sie ist konstruktiv. Wiedergutmachung und Veränderung sind die Lösungsstrategien. Verantwortung ist auch anders verteilt. Ich mag nicht Schuld an einer Tat sein, aber mich doch mit-verantwortlich für die Lösung oder eine Veränderung fühlen. Ein dritter Begriff, der damit in Verbindung steht, ist die Rechenschaft, auf Englisch «Accountability». Wenn man für etwas verantwortlich ist, ist man rechenschaftspflichtig darüber, was man getan hat und wie man mit den Auswirkungen umzugehen gedenkt. Verantwortungsübernahme impliziert sowohl Rechenschaft über sein Tun abzulegen als auch im Sinne von Reparation und Prävention zu handeln.

Spricht man von Schuld, will man die Waage ausjustieren, indem man dem Täter durch Strafe etwas nimmt.	Spricht man von Verantwortung, will man die Waage ausjustieren, indem der Täter dem Opfer etwas gibt.
Der Täter soll leiden.	Das Leid des Opfers soll behoben werden.

s: http://www.seele-und-gesundheit.de/exts/schuld.html

Dies sind keine Vorschläge für eine Art Neusprech, bei dem man einfach andere Begriffe benutzt und Dinge in Euphemismen einpackt, aber an der Haltung nichts ändert. Auch soll das Leid von Betroffenen nicht schöngeredet, der Schmerz nicht geleugnet und die Ernsthaftigkeit eines Vorfalls und die Schwere einer Tat nicht gemindert werden. Vielmehr ist die Sprache Ausdruck einer anderen Sichtweise auf die Dinge, die von Respekt geprägt ist und Möglichkeiten der Bewältigung eröffnet.

Wenn man RJ-Verfahren einfach als ergebnisorientierte Methoden mit begrenzten (Zeit-)Ressourcen anwendet, kann dies zu schlechten Prozessen und zu schlechten Ergebnissen führen (mangelnde Zufriedenheit der Teilnehmer*innen, kaum Veränderung, «alternativer» Strafprozess, kaum Engagement der Beteiligten, Reviktimisierung etc). Eine gute Praxis hingegen birgt die Möglichkeit machtvoller Erkenntnisse und kann unsere bisherige Wahrnehmung der sozialen Welt, in der wir leben, in Frage stellen. Sie gibt jenen Macht, die in einem herkömmlichen Gerechtigkeitsverfahren zum Schweigen verdammt werden, sie zeigt, dass Menschen ihre Probleme selber lösen können, wenn man ihnen die Mittel dafür bereitstellt, und sie bekräftigt die Macht des Dialogs.

Paradigmenechsel auf einen Blick[20]

Gegnerschaftliches System	**Restorativer Ansatz**
Problemorientiert	Lösungsorientiert
Menschen als Probleme	Menschen als Ressourcen
Reaktiv	Proaktiv
Beschuldigung, Schuldsuche	Verantwortungsübernahme
Fachkräfte	Jede*r
Krisenmanagement	Prävention
Schafft Verzweiflung	Erzeugt Hoffnung
Kontrolle	Zustimmung
Zwang	Freiwilligkeit
Vorschreibend	Kreativ
Für, gegen oder nicht agieren	In Kooperation agieren
politisch motiviert	beziehungsmotiviert

20 Paradigm Shift Overview des International Institute for Restaurative Practices (IIRP).

Prinzipien und Werte

Restorative Justice ist kein wertneutrales Verfahren. Sowohl das Vorgehen als auch die Bewertung der Ergebnisse sind wertebasiert. Die Begleiter*innen vermitteln nicht als neutrale Mediator*innen in einem Konflikt, sondern haben eine Haltung, denn bei RJ-Verfahren geht es darum, Unrecht zu berichtigten, also Schadenszufügungen wiedergutzumachen, oder, wie es auf Englisch passender heißt: «righting the wrongs» bzw. «making the wrongs as right as possible». So ist ein RJ-Verfahren im Kontext von häuslicher Gewalt zum Beispiel nicht einfach eine moralisch neutrale Vermittlung über einen Gewaltakt zwischen zwei Personen, sondern klar gegen sexistische Gewalt positioniert. Es gab und gibt zwischen internationalen RJ-Fachleuten einiges an Debatte darüber, was diese Werte sind. Die folgende Zusammenstellung beruht auf meiner Sichtweise von Restorative Justice.

- Betroffenenorientierung: Ein RJ-Prozess stellt die Verletzung der Betroffenen ins Zentrum.
- Empowerment und Ownership: Sie geben den Konfliktparteien die Deutungshoheit über das, was passiert ist, und die Macht, zu entscheiden, wie damit umgegangen werden soll.
- Fairness: Der Prozess ist fair gegenüber allen Konfliktparteien.
- Wahrhaftigkeit: RJ gibt Menschen den Raum, ihre Wahrheit auszusprechen
- Partizipation und Gleichberechtigung: Betroffene und Beteiligte sind gleichberechtigte Konfliktparteien, die gemeinsam an der Bearbeitung ihres Konfliktes arbeiten und das Ergebnis bestimmen.
- Freiwilligkeit: Niemand kann zur Teilnahme an einem RJ-Verfahren gezwungen werden. Sozialer Druck zur Motivation von Tatverantwortlichen kann angemessen sein, Betroffene sind niemals unter Druck zu setzen.
- Ergebnisoffenheit: Es gibt kein vorbestimmtes Ergebnis. Die Konfliktparteien finden anhand ihrer Bedürfnisse und ihrer Möglichkeiten die für sie passende, einzigartige Lösung.
- Selbstbestimmung: Die Konfliktparteien bestimmen, worüber sie sprechen und welche Vereinbarungen sie treffen. Vermittler*innen haben eine rein verfahrenstechnische Rolle und keinerlei inhaltliche Befugnisse. Sie sprechen keine Urteile.

- Respekt und Würde: Alle Menschen sind mit Respekt zu behandeln. Ihre Würde ist zu achten.
- Dialog: Eine direkte und authentische Begegnung und Aussprache der Konfliktparteien ist der Kern jedes RJ-Verfahrens. Sie ist das wirkungsvollste Element.
- Solidarität: Menschen sind miteinander verbunden und ihr Wohlergehen hängt von der Qualität ihrer Beziehungen ab. Ein RJ-Verfahren unterstützt Menschen dabei, zu erkennen, was ihre Verpflichtungen in Bezug auf das Wohlergehen der anderen sind.
- Gerechtigkeit: Ein RJ-Verfahren erkennt an, dass es Unrecht war und nicht Unglück, was den Betroffenen passiert ist, und dass dieses Unrecht ausgeglichen werden muss. Dabei kann unterwegs ein breiterer Begriff von Gerechtigkeit entstehen, wenn die Konfliktparteien soziale Ursachen für das, was geschehen ist, ausmachen.
- Flexibilität: RJ Verfahren passen sich den Umständen und Notwendigkeiten des Kontexts sowie den Bedürfnissen, Möglichkeiten und kulturellen Gepflogenheiten der Teilnehmer*innen an, unter Wahrung der Menschenrechte und insofern dies nicht den anderen Werten widerspricht.

*Zehn Hinweise an RJ-Praktiker*innen nach Howard Zehr*

- Konzentriere Dich auf Verletzungen, nicht auf Regelverstöße.
- Zeige das gleiche Engagement und die gleiche Rücksichtnahme für alle Konfliktparteien.
- Arbeite in Richtung Wiedergutmachung, indem Du die Betroffenen unterstützt und ermächtigst und auf ihre Bedürfnisse eingehst. Achte dabei besonders auf Machtunterschiede: Betroffene sind nicht notwendigerweise schwächer als Beschuldigte, vielmehr kann ihre Position im Machtgefüge umgekehrt sein zu der im konkreten Konfliktfall (wenn z.B. eine arme Frau einen reichen und mächtigen Mann bestohlen hat).
- Unterstütze die Tatverantwortlichen, indem Du sie ermutigst, ihre aus der Tat entstandenen Verpflichtungen zu verstehen, anzunehmen und umzusetzen.

- Erkenne an, dass diese Verpflichtungen schwierig sein können. Sie dürfen nicht als Leidzufügung konzeptioniert sein und müssen für die Person umsetzbar sein.
- Ermögliche Dialog, direkt und indirekt.
- Finde sinnvolle Wege, das Umfeld einzubinden und Tatursachen, die umfeldbedingt sind, anzugehen.
- Ermutige Zusammenarbeit und Reintegration der Verletzten und der Tatverantwortlichen anstelle von Zwang und Isolierung.
- Achte auf unbeabsichtigte Auswirkungen von Lösungsvereinbarungen.
- Zolle allen Teilnehmenden Respekt.

Theoretische Überlegungen

In den nunmehr vierzig Jahren seit dem ersten Restorative-Justice-Verfahren im Kontext der weißen Justiz hat sich eine lebendige akademische Debatte entwickelt, in der Theorien und Begrifflichkeiten entwickelt und geschärft wurden. Zentrale Fragestellungen betreffen die Wirkung – reduziert RJ die Rückfallquote bei Tatverantwortlichen? Empfinden Betroffene RJ als empowernd? – oder auch die Rolle von Heilung, Scham oder Vergebung. Und immer wieder wird diskutiert, was bzw. wer denn «die Community» eigentlich ist. Bei der Einführung von RJ-Programmen im staatlichen Kontext gilt es als gute Praxis, wissenschaftliche Begleitung zu organisieren und Evaluation zu betreiben.[21] Ich möchte im Folgenden die nach meinem Verständnis zentralen Punkte und ihre theoretische Konzeption genauer beleuchten.

«Because injustice hurts, justice should heal.»[22] *– Heilung im Kontext von RJ*

Ein Restorative-Justice-Verfahren ist keine Therapie und soll dies auch nicht sein. Insofern ist mit dem Begriff Heilung vorsichtig umzugehen. Unstrittig ist, dass ein Unrecht jemanden verletzt – ob materiell, physisch, seelisch oder sozial. Und diese Verlet-

21 Siehe z. B. diesbezügliche Hinweise im «Handbuch zu Restorative Justice mit Kindern» des European Forum for Restorative Justice.

22 «Weil Unrecht verletzt, sollte Gerechtigkeit heilen.»

zung ist der Ausgangspunkt für die Frage, wie auf die Handlung reagiert werden soll. Zwar haben auch Gemeinschaft und Gesellschaft ein Interesse am Umgang mit der Handlung – als soziale Einheiten, die Regeln aufstellen und das Zusammenleben ordnen. Und dieser Aspekt sollte in die Betrachtung von RJ einbezogen werden: Im Sinne Christie's, der schrieb, dass eine Regelverletzung ein Anlass für eine Gesellschaft/Gemeinschaft ist, die Regel zu überprüfen. Auch sind sie mitbetroffen, indem sich etwa die Angst, einen bestimmten Ort zu betreten, verallgemeinert, und sie sind mitverantwortlich, da sie durch die Sozialisierung des Individuums, soziale Struktur und Produktion von Situationen die Handlung mit hervorgebracht haben. Diese Aspekte sind jedoch nicht der Ausgangspunkt eines Restorative-Justice-Verfahrens, wenn sie auch darin zum Teil erhebliche Beachtung finden können. Ausgangspunkt ist die Verletzung/Schädigung einer Person durch eine andere Person. Wenn Unrecht eine Verletzung darstellt, was ist dann Gerechtigkeit? Gerechtigkeit sollte dann heilen, was übrigens eine der Wortbedeutungen von «to restore» ist.[23]

Heilung bedeutet, einen Zustand des körperlichen, seelischen und sozialen Wohlergehens (wieder-)herzustellen. Es bedeutet nicht, dass die Verletzung ungeschehen gemacht wird, sondern dass sie das Leben der Betroffenen nicht mehr bestimmt.

«The F-Word» – Welche Rolle spielt Vergebung/Verzeihung (engl. Forgiveness)?

«Vergebung ist die Unmöglichkeit, zu verzeihen, was unverzeihbar ist.»
Jacques Derrida

Vergebung, was ist das überhaupt und was wäre der Unterschied zu Verzeihung? Sprachhistorisch bedeuten sie das Aufgeben einer Schuldforderung oder der Absicht, zu strafen oder sich zu rächen (verzeihen von verzichten, vergeben von mittelhochdeutsch fragiban = aufgeben). Vergebung gilt als intrinsisch motivierter Akt des Loslassens. Der deutsche Begriff der Vergebung ist oft spirituell konnotiert, Verzeihung wird als

23 Neben «wiederherstellen» auch «kräftigen, stärken» und «nähren». Präsent auch im Wort «Restaurant»: ein Ort, wo man durch Speisen seine Kräfte wiederherstellt, sich nährt.

«weltlicher» verstanden. Im Englischen (Forgiveness) oder Französischen (Pardon) wird dieser Unterschied nicht gemacht und so werden die beiden Wörter auch im Deutschen meist synonym verwendet. Interessanterweise bedeutet Vergebung nicht, jemanden von seiner Verantwortung zu befreien, sondern, wie bereits erwähnt, auf Strafe zu verzichten beziehungsweise die Schuld im Sinne von Schulden, die zu begleichen sind, aufzuheben. Die Tat selbst ist irreversibel und die Verantwortung für sie bleibt bestehen. Vergeben wird der Täter*in, es handelt sich gewissermaßen um einen Akt der Anerkennung menschlicher Fehlbarkeit und der Tatsache, dass wir alle unsere Gründe für unser Verhalten haben. In diesem Sinne hebt Vergebung die Tatverantwortlichen aus der Stigmatisierung als «Schuldige» in einer interessanten Dynamik von Über- und Unterordnung zwischen Verursacher*innen und Opfern: Durch die Schädigung hat zunächst die tatverübende Person das Opfer unterworfen. Durch die Beschuldigung seitens Gesellschaft oder Gemeinschaft gerät die beschuldigte Person dann selbst in eine untergeordnete Position. Vergebung kann nun eine doppelte Wendung vollbringen: Sie erhebt das Opfer in eine übergeordnete Rolle, da es die Vergebung gewährt, was ein souveräner Akt ist. Das Erhalten der Vergebung befreit jedoch auch die tatverantwortliche Person aus der untergeordneten (bzw. häufig sozial ausgeschlossenen/stigmatisierten) Position. Beide werden wieder gleiche Mitglieder der Gemeinschaft. Das ist arg verkürzt dargestellt und kommt natürlich nicht zum Tragen, wenn die Gesellschaft das Unrecht nicht anerkennt oder Victim Blaming betreibt.

Betroffene sprechen oft von einem «inneren Frieden», der sich durch Vergebung einstellt. Es ist der Moment, in dem das Erlebte und die dafür verantwortliche Person aufhören, Macht über das eigene Leben zu haben: die Befreiung aus der Opferrolle und die Rückkehr in die Gemeinschaft. Gefühle von Souveränität und Stärke stellen sich ein. Mithin ist Vergebung ein Akt, den Geschädigte für sich selbst tun und von dem sie selbst am meisten profitieren, entgegen der landläufig immer noch existierenden Auffassung, Vergebung käme den Tatverantwortlichen zugute und müsse von diesen verdient werden. Vergebung ist nicht von deren Reue abhängig und kann nicht durch diese hervorgerufen werden, sondern liegt einzig in der Entscheidung der Betroffenen. Vergebung zu verlangen oder zu erwarten, setzt Betroffene unter Druck und kann reviktimisierend sein. Sie erzwingen zu wollen, ist angesichts der Tatsache, dass es sich um einen inneren emotionalen Prozess handelt, nicht nur schädigend, sondern absurd.

Insofern *kann* Vergebung Teil oder Ergebnis eines Restorative-Justice-Prozesses sein – sie *muss* es aber *nicht*. Es ist durchaus üblich, dass eine Einigung erzielt wird, ohne dass Vergebung im Spiel ist. Die beiden Hauptanliegen von RJ – Dialog und Reparation – kommen ohne Weiteres ohne Vergebung aus. Dies gilt in noch größerem Maße für Versöhnung. Was RJ in diesem Kontext beiträgt, ist die Bedingungen zu schaffen, die Vergebung wahrscheinlicher oder möglicher machen. Durch die Anerkennung des Unrechts, die Klärung der drängenden Fragen, der Verantwortungsübernahme seitens der Beschuldigten und der Verständigung über Maßnahmen der Wiedergutmachung oder weitere Konsequenzen, werden Voraussetzungen für inneren Frieden, Loslassen, Befreiung vom Terror der Erinnerung sowie auch Anerkennung der alle verbindenden Menschlichkeit geschaffen. All dies sind Aspekte von Vergebung. Restorative Justice kann somit zur Entstehung von Vergebung beitragen. Sie ist aber, noch einmal, weder Ziel noch Absicht.

Wie steht es um die Entschuldigung? Eine Entschuldigung besteht aus der Anerkennung des Fehlers, dem Bedauern desselben sowie Peinlichkeit, weil man sich bewusst ist, welches Verhalten eigentlich sozial akzeptabel gewesen oder erwartet worden wäre. Wie Vergebung kann Entschuldigung nicht verlangt werden – etwas, das ich zahlreichen Eltern und Erzieher*innen gerne hinter die Ohren schreiben würde. Entschuldigung kommt aus echter Reue von innen – man befiehlt sie nicht. Entschuldigung wie Vergebung auf Befehl sind nicht echt und können ihre positive Wirkung nicht entfalten, sie wirken im Gegenteil negativ, weil demütigend und somit potenziell (re-)traumatisierend auf diejenigen, von denen sie verlangt werden.

Auch Entschuldigung ist weder Voraussetzung noch Ziel eines RJ-Verfahrens. Klärung und Reparation kommen ohne Entschuldigung aus. Allerdings ist es für die Rehabilitierung des Opfers wichtig, dass das Unrecht anerkannt wird. Tut dies die tatverantwortliche Person nicht – in Form einer Entschuldigung oder anders – müssen die anderen Teilnehmer*innen oder, zur Not, die Vermittler*in diese Aufgabe übernehmen.

Das «Little Book of Restorative Justice for Colleges and Universities» schlägt folgende Elemente als Teil von (schriftlichen) Entschuldigungen vor (S. 40):

1. Was passiert ist: Anerkennung der schädigenden Handlung und ihrer Auswirkungen.
2. Meine Rolle: umfassende Verantwortungsübernahme, ohne Kleinreden, Leugnen oder Abschieben der Verantwortung.
3. Wie es mir geht: Ausdruck von Bedauern, Reue, Trauer etc.
4. Was ich nicht mehr tun werde: konkrete Vorhaben um Ähnliches künftig zu vermeiden.
5. Was ich tun werde: Angebote der Wiedergutmachung.

Im «Little Book of Restorative Justice for Sexual Abuse» werden ganz ähnliche Schritte als Teil eines Verantwortungsübernahmeprozesses beschrieben (S. 28):

1. Was ich getan habe.
2. Wie meine Handlungen andere verletzt haben.
3. Was ich tue, um Ähnliches künftig zu verhindern.
4. Was ich als Wiedergutmachung anbiete.

Ich benutze gerne einen sieben-stufigen Prozess, in dem ich beide Verfahren miteinander kombiniere und noch einen letzten Schritt der Reflexion über die Rolle von gesellschaftlichen Machtverhältnissen in der Handlung hinzufüge. Damit möchte ich die strukturellen Hintergründe unseres Verhaltens beleuchten, um letztlich auch nachhaltigere Lösungsstrategien zu ermöglichen. Es geht nicht darum, die Person aus der Verantwortung zu entlassen, sondern um eine angemessene Würdigung des Kontextes und unserer Sozialisierung, die bei bestimmten Handlungen, wie zum Beispiel sexualisierter Gewalt, einer größere Reflexion seitens der (cis-männlichen) Verursacher bedarf. Das sieht dann so aus:

1. Was ich getan habe.
2. Wie es dazu kam / meine handlungsleitenden Motive.
3. Wie andere darunter leiden.
4. Wie es mir heute damit geht.
5. Was ich tue, um es künftig zu verhindern.
6. Was ich als Wiedergutmachung anbiete.
7. Welche Rolle gesellschaftliche Machtverhältnisse in meiner Handlung spielten.

Scham und Beschämung (Shame & Shaming)

Unter Scham wird ein Gefühl verstanden, das in jemandem entsteht, wenn er oder sie den Eindruck hat, in den Augen eines (geachteten) Gegenüber versagt zu haben. Diese Kritik der Anderen muss gar nicht unbedingt ausgedrückt werden, es reicht, sie zu vermuten, um sich zu schämen. Scham ist ein unangenehmes Gefühl, das allerhand Reaktionen hervorruft, um es loszuwerden oder zu verstecken. Dazu gehören Abwehr, Schuldumkehr, Rechtfertigung, Leugnung und Aggression, aber auch Rückzug, Selbstisolierung und Auto-Aggressivität, welche wiederum in Gewalt nach außen umschlagen kann.

Oft schämen sich die Betroffenen für das, was ihnen widerfahren ist, und sie versuchen das Erlebnis der Entwürdigung ihrerseits durch Erniedrigung der Verantwortlichen aufzuheben, indem sie sich rächen, was zu einer negativen Dynamik führen kann. Scham auf Seiten der Tatverantwortlichen kann aber auch konstruktiv genutzt werden, wenn sie richtig eingesetzt wird. In seiner Theorie des «re-integrative shaming» konzipiert John Braithwaite einen bewussten und aktiven Mechanismus des Beschämens der Tatverantwortlichen, der zu Verantwortungsübernahme und Reue führen soll. Er wirkt integrierend, indem die Handlungen verurteilt werden, während die Würde der Person geachtet wird. Ich nenne das gerne «Schimpfen und dabei Händchen halten». Die Nachricht an die Tatverantwortlichen ist: Wir verurteilen deine Handlung, aber wir respektieren dich als Mensch und wir sind bereit, dich wieder als Mitglied unserer Gemeinschaft zu betrachten, wenn du bereit bist, Verantwortung zu übernehmen. Das Ziel ist, Reue zu erzeugen und die Beziehungen zu stärken, indem verdeutlicht wird, dass die Gemeinschaft niemanden fallen, aber auch nicht einfach alles durchgehen lässt.

Beschämung ist ein gefährliches Unterfangen, denn sobald sie stigmatisierend anstatt re-integrierend ist, verkehrt sich die Wirkung ins Gegenteil. «Stigmatic shaming», die stigmatisierende Beschämung, verurteilt die Persönlichkeit eines Menschen anstatt seiner Handlungen und kann zu Rückzug aus der Gemeinschaft in Outlaw-Subkulturen, Trotz, Abwehr und anderen bereits oben genannten Reaktionen führen.

Im Kontext von Restorative-Justice-Verfahren sind es die Betroffenen und ihre Community, welche den Aspekt der Beschämung einbringen, indem sie die Auswirkungen der Tat berichten und die Handlung verurteilen. Auch das Umfeld der Tatverantwortlichen kann diesen Aspekt betonen, indem es z. B. Enttäuschung über das Handeln der Person ausdrückt. Beide sind gleichzeitig auch zuständig für den re-integrativen Part, indem sie der Person eine Perspektive anbieten. Die Wahrung oder Wiederherstellung der Würde nicht nur der Betroffenen, die von ihrer Scham befreit werden, sondern auch der tatverantwortlichen Personen, die durch Scham ihre Zugehörigkeit zu einer Gemeinschaft oder ihre Bekenntnis zu bestimmten Werten einer Gesellschaft ausdrücken, ist die Grundlage für Reue, Verantwortungsübernahme und eine konstruktive Lösung. Beschuldigte, die sich unsicher, ausgestoßen, erniedrigt oder ohnmächtig fühlen, sind tendenziell wenig kooperativ. Das Gleiche gilt, wenig überraschend, auch für Betroffene.[24]

Wer ist diese Community?

Der Entstehungskontext von Restorative Justice sind Gesellschaften, in denen die (religiöse, kulturelle, ethnische oder familiäre) «Gemeinschaft» ein wichtiger Bezugsrahmen ist. Das ist für individualisierte Massengesellschaften europäischen Typs weniger der Fall. Familienbande sind oft weniger stark und Interessengemeinschaften wie Fanclubs, Sportvereine oder Nachbarschaften begreifen sich nicht als feste soziale Gruppe mit weitgehenden gegenseitigen Verpflichtungen. Nicht-Einmischung in das Leben anderer ist eine weitverbreitete soziale Übereinkunft. Wer ist also die Community in einem Restorative-Justice-Verfahren? – das kommt darauf an, welches Verfahren angewandt wird und welche Art von Gemeinschaft gemeint ist.

Die *Konfliktgemeinschaft* besteht aus allen, die durch einen Konflikt betroffen oder an ihm beteiligt sind. Diese Leute kennen sich, wenn es sich zum Beispiel um einen Vorfall im öffentlichen Raum handelt, möglicherweise nicht. Sie eint allein, eine Rolle (und sei es die der Zeug*in) in einem Vorfall gehabt zu haben. Im Kontext der Restorative Circles nach Barter besteht die Konfliktgemeinschaft aus allen, deren Teilnahme am Kreis zur Lösung des Konflikts unerlässlich ist («Wer *muss* dabei sein?»).

---

24 Vgl. Braithwaite: Restorative Justice and a better Future. Dalhousie Law Review, spring 1996, 76:1, S. 9–32.

Eine *Kontextgemeinschaft* beinhaltet all jene Menschen, die das Umfeld des Konfliktes bilden, also des Zusammenhangs, in dem der Vorfall passiert ist. Das kann eine Schule oder eine Schulklasse, eine Firma bzw. die Abteilung einer Firma, ein Sportverein, eine religiöse Gemeinde oder Ähnliches sein. Da ein Vorfall immer auch die in einem Kontext herrschende Norm in Frage stellt, sind sie als Mitglieder dieses Kontextes aufgerufen, an der Regulierung oder Normerneuerung teilzunehmen. Die meisten sozialen Orte haben Regeln und Übereinkünfte dazu, was sie als akzeptables Verhalten definieren. Ein Übergriff ruft sie dazu auf, sich zu positionieren und Umgangsweisen mit dem Vorfall zu finden. Sie sind daher natürlicherweise Adressat*innen für ein RJ-Verfahren.

Familie, Freund*innen und andere Vertrauenspersonen sind Teil einer *Herkunftsgemeinschaft* oder *Unterstützungsgemeinschaft*. Sie sind nicht notwendigerweise in den Konflikt involviert (gewesen), durch die Auswirkungen werden sie aber zu sekundär Betroffenen oder sie sind möglicherweise auf Grund vergangener Handlungen mit-verantwortlich. Das trifft oft auf Eltern zu, die sich angesichts des Fehlverhaltens ihres Kindes fragen, was sie vielleicht «falsch gemacht» haben. Dieses soziale Umfeld kann oft Fragen zu Tathintergründen beantworten oder Ressourcen zur Lösung beitragen. Sie sind abgesehen von dieser Mitbetroffenheit und Mitverantwortung aber auch diejenigen, deren Teilnahme der moralischen und emotionalen Unterstützung für eine Konfliktpartei sowie der Korrektur bei Ausflüchten und Schuldabwehr dient.

Unterstützungspersonen können auch Fremde sein, die auf Grund ihrer Rolle als Fürsprecher*innen oder ihrer sozialen Position an einem RJ-Verfahren teilnehmen, wenn jemand keine Vertrauenspersonen hat, wie z. B. Geflüchtete, die alleine sind und zu deren Unterstützung jemand aus einer Geflüchteteninitiative teilnimmt.

In manchen Ländern hat es sich etabliert, Vertreter*innen sozialer Professionen oder öffentlicher Ämter wie Polizist*innen, Sozialarbeiter*innen oder Gemeindevorsteher*innen bzw. Bürgermeister*innen als «Gemeinschaftsvertreter*innen» teilnehmen zu lassen. Ich halte das für eine äußerst bedenkliche Entwicklung und der Einsatz dieser «professionellen Gemeinschaftsvertreter*innen» wird immer wieder heftig kritisiert. Die kanadische RJ-Expertin Catherine Rossi sagte auf einer RJ-Konferenz in Paris auf die Frage, wer die Community in einem RJ-Verfahren sei: «Am allerwenigsten die, die glauben, dringend dabei sein zu müssen.» Solche Ansätze tragen dazu bei, RJ zu einer Form «alternativen» Strafprozesses zu machen, in der es um Normdurchsetzung geht, anstatt um bedürfnisorientierte Konfliktlösung. Eine erneute Enteignung des Konfliktes durch «Profis», wie Nils Christie sie nannte, zeichnet sich ab.

Man muss sich bei der Durchführung eines RJ-Verfahrens ein paar kritische Fragen zur Teilnahme von «Gemeinschaftsmitgliedern» stellen:

- Welche Gemeinschaften gibt es und welche ist relevant für das Verfahren, das ich anwende? Bei fast allen Konflikten gibt es eine Konflikt-, eine Kontext- und eine Herkunfts-/Supportgemeinschaft (und oft überschneiden sie sich).
- Wie wird sich die Anwesenheit dieser Leute auf Betroffene und Beschuldigte möglicherweise auswirken? Fühlen sie sich in deren Anwesenheit sicher und unterstützt? Und wenn nein, können sie die Teilnahme einzelner «Community-vertreter*innen» verhindern?
- Wer bestimmt, wer teilnimmt? Wen braucht es für die Bearbeitung?

Warum ist das Einbinden von Dritten oder Außenstehenden wichtig?

Damit kommen wir zur Anschlussfrage: warum überhaupt diese ganzen Umstehenden in das Verfahren einbinden? Kann man nicht einfach die Sache «unter sich» regeln, wie in einer klassischen Mediation? Man kann – und es wird ja im Fall der Mediation in Strafsachen auch so gemacht – aber man vergibt damit viele Möglichkeiten. Hier sind sechs Gründe, warum es eine gute Idee ist, die Einbindung weiterer Personen in Erwägung zu ziehen:

1. Meistens sind von einer unheilvollen Handlung mehr Menschen betroffen als eine direkt geschädigte Person. Sei es, weil sie die Handlung beobachtet haben, sei es, weil sie von den Auswirkungen sekundär betroffen sind oder weil die Tat ihr Vertrauen in die Sicherheit eines Ortes erschüttert. Auch diese Leute sollten die Möglichkeit haben, sich mitzuteilen, Fragen zu stellen, ihre Bedürfnisse zu äußern, an der Lösung mitzuarbeiten und zu heilen.

2. Oft löst eine verletzende Handlung starke Gefühle bei Menschen im Umfeld von Tatverantwortlichen und Betroffenen aus. Das geht so weit, dass häufig das Umfeld der Betroffenen punitiver eingestellt ist und stärker auf Rache sinnt als das Opfer selbst. Wenn nun Betroffene und Beschuldigte sich aussprechen und einigen, die anderen das aber nicht mitbekommen, bleiben sie in ihrer vergeltungssuchenden Haltung stecken und verhindern möglicherweise die Rehabilitierung der Verursacher*in, anstatt eine transformierende Lösung zu unterstützen und vielleicht sogar eigene Ressourcen dafür einzubringen. So können sie für Betroffene zur Last werden, anstatt unterstützend zu wirken.
3. Direkt Tatverantwortliche sind nicht immer die alleinigen, manchmal nicht einmal die Hauptverantwortlichen. Das gilt insbesondere für schädigende Handlungen durch Organisationen oder Firmen. John Braithwaite schlägt vor, den Kreis der Teilnehmenden so stark zu erweitern, bis man die Machtebenen erreicht, die dafür geradestehen können oder müssen und auch die Macht haben, Reparation zu leisten und eine Veränderung für die Zukunft zuzusagen und zu veranlassen. Neben dem Aspekt der Macht gibt es auch jenen der «Beschämungsfähigkeit». Braithwaite: «Die Idee ist, dass wir den Kreis der Verantwortlichen immer mehr erweitern, und mit jeder Runde gibt es wieder neue Leute, die ein weiteres Begehen von Unrecht verhindern und vergangenes Unrecht wiedergutmachen können. Durch das Prinzip der ‹aktiven Abschreckung› erweitern wir den Kreis so lange, bis wir jenseits von harten Zielpersonen auf weiche treffen, die mittels Beschämung von einer Wiederholung abgeschreckt werden können.»[25] In hierarchischen Organisationen muss man so weit nach oben gehen, bis man jemanden findet, mit dem man im Kreis arbeiten kann.
4. Aus demokratietheoretischer Sicht erhöht ein größerer Kreis von Teilnehmer*innen die Chance auf eine größere Vielfalt an Stimmen, welche Blockbildung und moralischem Druck entgegenwirken können. Machtunterschiede werden leichter ausgeglichen und typische Machtdynamiken zwischen

25 John Braithwaite: Accountability and Responsability Through Restorative Justice. In: Michael Dowdle (Hg): Rethinking Public Accountability, Cambridge University Press, Cambridge 2006, S.13.

den Hauptkonfliktparteien, die eventuell Teil des Tatkontextes sind, eher durchbrochen.

5. In vielen Kulturen gilt direktes Fragen oder Adressieren als unhöflich, Konversationen werden eher durch indirektes Sprechen geführt, durch das Erzählen von Geschichten, durch Andeutungen oder Metaphern. In einem RJ-Verfahren können andere Teilnehmer*innen solche Beiträge leisten, so dass es den direkte Beteiligten leichter fällt, über ihre Angelegenheit zu sprechen. Wenn beispielsweise alle im Kreis erzählen, wann sie schon einmal Ähnliches erlebt haben und wie es ihnen damit ging, erleichtert das Beschuldigten und Betroffenen, sich zu offenbaren, als wenn man sie direkt darauf anspräche.
6. Manche Taten haben damit zu tun, dass sich die handelnde Person nicht (mehr) an die Werte der Gemeinschaft oder Gesellschaft gebunden sieht, weil sie sich ausgeschlossen fühlt oder ihr sozialer Hintergrund dysfunktional ist. Die Beteiligung dieses Kontextes erlaubt es, solche Fragestellungen anzugehen und somit nicht nur die Handlung selbst, sondern auch die Position der handelnden Person und andere Hintergründe zu besprechen, um dann transformierende Lösungen zu finden.

Wirkung: Was haben Tatverantwortliche, Betroffene und Gemeinschaften davon?

«Wir müssen Restorative Justice auf zwei Dinge verpflichten: strukturelle Ungerechtigkeit darf nicht verstärkt werden – vielmehr hoffen wir, dass manche Mikromaßnahmen so weit als möglich gegen Ungerechtigkeiten auf der Makroebene gegensteuern – (...) und soziale Unterstützungssysteme müssen wiederhergestellt werden (...).
*RJ zielt darauf ab, das Zusammenkommen von Freund*innen in Krisenzeiten zu institutionalisieren.»*
John Braithwaite[26]

Restorative Justice ist nicht «the easy way out» für Beschuldigte, auch wenn das von Strafromantiker*innen immer wieder behauptet wird. Es ist anstrengend und verlangt Mut, sich

26 John Braithwaite: Restorative Justice and a Better Future. In Dalhousie Law Review, Frühling 1996, 76/1.

den Betroffenen und dem Umfeld zu stellen. Ein Gerichtsverfahren über sich ergehen zu lassen, in dem man nichts sagen muss und von eine*r Anwält*in vertreten wird, kann erheblich einfacher sein. Auch für Betroffene bedeutet RJ eine Anstrengung: Die Auseinandersetzung mit dem Erlebten kann intensiv sein und sie emotional überwältigen, zudem bleibt immer ein kleines Risiko, enttäuscht zu werden, trotz aller guter Vorbereitung. Lebensangelegenheiten, wie eben schmerzhafte Konflikte selbst zu regeln, ist Arbeit und kostet Zeit. Es an den Staat und seine Justiz abzugeben, erscheint da bequemer und leichter. Das gilt umso mehr für Gemeinschaftsmitglieder. Warum sollten sie Zeit investieren in einen Konflikt, der sie nur am Rande betrifft?

Restorative Justice wäre schon lange tot, wenn die Vorteile nicht all diese Kraftanstrengungen und Unannehmlichkeiten wert wären. Denn letztlich ist ein schmerzhafter Konflikt immer anstrengend, auch wenn ihn die Strafjustiz behandelt. Man hat ihn sich nicht ausgesucht, sitzt nun da mit einer «Lebenskatastrophe» oder einem «Ärgernis»[27] und muss sich drum kümmern. Wenn's der Staat macht, hat man trotzdem was zu tun: Papierkram, Aussagen, Vorladungen, Urteile, Strafen. Dabei stehen die Chancen nicht schlecht, dass man sich völlig entmündigt fühlt und, zumal als Geschädigte, mit großer Enttäuschung zurückbleibt, weil es gar nicht um «Gerechtigkeit» gegangen ist, sondern um juristische Spitzfindigkeiten, weil die eigenen Fragen und Bedürfnisse keinerlei Rolle spielten und man mit dem Ergebnis, dem Urteil, gar nichts anfangen kann und es nichts an der eigenen Situation ändert. Häufig glauben Betroffene, dass ein «hartes Urteil» ihnen helfen wird, sich besser zu fühlen, nur um am Ende nach einem kurzen Moment der Genugtuung – wenn überhaupt – doch enttäuscht zu sein. Das hat auch damit zu tun, dass die Definition dessen, was ein «gerechtes Urteil» ist, schwer zu bewerkstelligen ist. Kann man Schuld in Geld oder Haftzeit übersetzen? Kann man Schmerz so «tilgen»? Dass das gar nicht geht, wird den meisten erst nach Urteilsverkündung klar. Forschungen haben gezeigt, dass Hinterbliebene von Ermordeten, die in manchen Staaten der USA der Hinrichtung des Tatverantwortlichen beiwohnen dürfen, sich nach der

27 Gerhard Hanak, Johannes Stehr, Heinz Steinert: Ärgernisse und Lebenskatastrophen. Über den alltäglichen Umgang mit Kriminalität. AJZ Verlag ,Bielefeld 1989.

Hinrichtung *schlechter* fühlen als vorher – und nicht besser, wie sie in ihrer Rachelust glaubten.[28]

Ein Strafprozess ist in der Regel, auf Grund seines abstrakten Settings und fremdbestimmenden Ablaufs, für alle Beteiligten – Beschuldigte, Geschädigte und deren beider Umfeld – enttäuschend, belastend bis hin zu (re-)traumatisierend. Ausnahmen soll es geben, sie sind aber selten und von explizitem Gegensteuern engagierter Einzelpersonen bei Polizei, Staatsanwaltschaft und Gericht abhängig.

Was also sind die Vorteile, die Leute dazu veranlassen, sich auf RJ einzulassen, zumal ihnen meistens mangels Erfahrung die Nachteile eines Strafprozesses gar nicht bekannt sind? Der Hauptvorteil von Restorative Justice ist ihre Flexibilität, die es erlaubt, sich an die Bedürfnisse und Begebenheiten anzupassen und somit den Betroffenen und Beteiligten zu dienen. Bei RJ geht es um die Leute, nicht um abstrakte Verfahrensziele. Damit deckt sich RJ sehr weitgehend mit den in der Forschung ausgemachten Bedürfnissen von Menschen nach einer Unrechtstat, als da wären:

Sicherheit und *Verbindung, Empowerment* und *Kontrolle, Erzählen* und *Gefühle ausdrücken, Information* und *Antworten* auf Fragen, persönliche/s *Entwicklung/Weiterkommen, Verantwortung, Rechenschaft* und *Anerkennung* des Unrechts, den Ereignissen einen *Sinn* geben (nach Barb Toews Shenk). Obwohl diese Bedürfnisse von vielen geteilt werden, erleben doch alle Menschen eine Unrechtstat anders und brauchen diese Dinge

28 Vgl. z. B. Michael Lawrence Goodwin: An Eyeful for an Eye – An Argument against Allowing the Families of Murder Victims to View Executions, Brandeis Journal of Family Law 36, Nr. 4, 1997, S. 585–608. Darin auf S. 589: «Das Right-to-view, also der Exekution, beizuwohnen, sollte zum Wohlergehen der Hinterbliebenen des Mordopfers beitragen, scheint diese aber tatsächlich eher zu reviktimisieren. Nach ihrer Teilnahme an einer Hinrichtung haben einige Familien angegeben, enttäuscht zu sein und vermehrte Rachelust zu spüren und nicht etwa Frieden. Die Familien finden, dass der Hingerichtete zu einfach starb oder sie wünschten, sie könnten die Hinrichtung immer und immer wieder ansehen oder sie hätten gerne eine qualvollere Art der Hinrichtung gehabt.» (Eigene Übersetzung) Vgl. auch Corey Burton & Richard Tewksbury: How Families of Murder Victims Feel Following the Execution of Their loved One's Murderer, Journal of Qualitative Criminal Justice & Criminology 2013 und Marla L. Domino & Marcus T. Boccaccini: Doubting Thomas: Should Family Members of Victims Watch Executions? Law and Psychology Review, 24, 2000, S. 59–76.

in unterschiedlichem Ausmaß und zu unterschiedlichen Zeitpunkten. Ein gutes Gerechtigkeitsverfahren geht auf diese individuellen Ausprägungen ein. Restorative Justice kann hier viel leisten.

Besonders Betroffene und deren Bedürfnisse sind inzwischen recht umfangreich erforscht worden[29]. Typische Opferbedürfnisse sind «Partizipation, gehört werden, Anerkennung des Unrechts, Rehabilitierung, zu Rechenschaft ziehen der tatverantwortlichen Person» (Kathleen Daly), «Information, Partizipation, emotionale Heilung, Entschuldigung erhalten, materielle Kompensation, Fairness und Respekt» (Heather Strang und Lawrence Sherman) oder auch «Anerkennung, Unterstützung, Zurückgewinnung von Macht und Kontrolle über das eigene Leben, Erzählen des Erlebten» (Herman) sowie zusätzlich «Mitbestimmung über die Lösung, Antworten auf Fragen, Erleben von Reue seitens der tatverantwortlichen Person, aus der Isolation ausbrechen» (Koss).[30]

Restorative-Justice-Verfahren sind so konzipiert, dass sie so viele dieser Bedürfnisse wie möglich berücksichtigen. Die Betroffenen und Beteiligten haben ein Maximum an Partizipation und Kontrolle, sie können sich selbst ausdrücken, erzählen und Fragen stellen, die Anerkennung, dass das Unheil ein Un*recht* und kein Un*glück* war, ist Arbeitsgrundlage. Wiedergutmachung ist explizites Ziel. Die Entstehung von Entschuldigung, Reue, Heilung, Sinnhaftigkeit werden durch die Mittel des Dialoges unterstützt. Howard Zehr und Barb Toews Shenk beschreiben das sehr anschaulich in «Ways of Knowing for a Restorative Worldview»[31]:

«Zuhören ist der erste Aspekt von Respekt. Die Möglichkeit, für sich selbst und andere sprechen zu können, ist ein Akt der Ermächtigung. Opfer und Täter*innen sind häufig marginalisierte Menschen, denen die aktive Teilnahme an einem Justiz-

---

29 Siehe zum Beispiel Inge Vanfraechem, Anthony Permberton & Felix Mukwiza Ndahinda (Hg): Justice for Victims. Routledge, London 2014. Oder Inge Vanfraechem, Daniela Bolívar & Ingo Aertsen (Hg): Victims and Restorative Justice, Routledge, London 2015.

30 Alle zitiert nach: Janet Chan, Jane Bolitho & Jenny Bargen: Restorative Justice as an Innovative Response to Violence. In: Julie Stubbs & Stephen Thomsen (Hg): Australian Violence: Crime, Criminal Justice and Beyond. The Federation Press, Alexandria NSW (AUS) 2016 S. 230–247 (eigene Übersetzung).

31 In: Weitekamp/Kerner: Restorative Justice in Context, S. 263.

verfahren verwehrt ist. Durch die Einladung zu einem Prozess des Sprechens und Zuhörens werden sie ermächtigt, Kontrolle über das Unrechtsproblem, mit dem sie konfrontiert sind, zu übernehmen, und das Wissen, das sie über das Ereignis und seine justizielle Beantwortung haben, wird respektiert. Für Opfer auf der Suche nach Kontrolle über das eigene Leben nach der Unrechtstat kann das Erzählen der eigenen Geschichte und das Ausdrücken von Bedürfnissen eine wichtige Quelle von Empowerment sein. Für die Täter*innen, welche herkömmlicherweise passive Teilnehmer*innen in einem Justizverfahren sind, kann das Erzählen ihrer Geschichte ein erster Schritt sein, um Verantwortung zu übernehmen und zu erkennen, was sie brauchen, um sich verändern zu können. Dass ihnen zugehört wird, sendet sowohl an Opfer als auch an Täter*innen das Signal, dass ihre Erfahrungen wichtig sind und zählen.»

Vorteile auf einen Blick

Kontext	Betroffene	Verursacher*innen	Gemeinschaft
Im Verfahren	Fragen stellen	Antworten geben	Kontexte Verstehen
	Informationen erhalten	Sich erklären	Sich ausdrücken
	Schmerz, Leid und Wut gegenüber der dafür verantwortlichen Person ausdrücken	Bedauern ausdrücken	Beziehungspflege
	Bedürfnisse äußern	Selbstklärung	Demokratiepflege
	Mitbestimmung und Kontrolle	Mitbestimmung	Mitbestimmung
	Gehört werden	Gehört werden	Gehört werden
	Rechenschaft bekommen	Sicherer Rahmen um Verantwortung zu übernehmen	Kollektive Verantwortung / Mitverantwortung erkennen
	Anerkennung des Unrechts und Leids	Als Mensch gesehen werden	Anerkennung der sekundären Betroffenheit

Kontext	Betroffene	Verursacher*innen	Gemeinschaft
Als Ergebnis	Schadensersatz	Reintegration/Rehabilitation	Transformation der Gemeinschaftssituation
	Entschuldigung erhalten	Sich entschuldigen/ Reue ausdrücken	Verbindung stärken
	Empowerment	Befreiung von der Last der Schuld	Empowerment
	Einfluss auf die Tatverantwortlichen	Motivation zu Veränderung	Sicherheit / Prävention
	Heilung: Frieden, Abschließen, Angstfreiheit	Abschließen	Sozialer Frieden
	Wahrnehmungskorrektur: das Monster loswerden	Kein Monster sein, zeigen dass man kein schlechter Mensch ist	Erkenntnisse / Bildung über Opferwerdung und Täter*innenschaft

Diese positiven Effekte sind in zahlreichen Studien bestätigt worden. Umfragen unter Opfern haben gezeigt, dass symbolische Reparation ein wichtiger Bestandteil von Heilung für sie ist. Opfer, die sich mit ihren Täter*innen getroffen haben, erhalten mit höherer Wahrscheinlichkeit eine Entschuldigung, sind eher bereit zu verzeihen, haben mehr Mitgefühl mit der tatverantwortlichen Person und sinnen weniger auf Rache (Strang und Sherman 1997; Strang 2002). Zudem ist das Wohlergehen bei Opfern nach eine RJ-Verfahren besser, sowohl direkt danach als auch sechs Monate später (Strang 2002). Sowohl Tatverantwortliche als auch Betroffene gehen mit höheren Zufriedenheitsraten aus einem RJ-Verfahren raus als aus einem Strafverfahren und Opfer erhalten häufiger und höhere Kompensationszahlungen. Zudem reduzieren sich bei ihnen Stress und Angst (Rossner, Healing Victims). Opferzufriedenheit hängt damit zusammen, dass sie die Hintergründe der Tat besser verstehen und ihre Sichtweise ausdrücken konnten.

Auch Tatverantwortliche sind zufriedener und fühlen sich fairer behandelt. Sie verstehen den Ablauf besser und fühlen sich stärker respektiert, einbezogen und empowered. Sie zeigen häufiger Reue, entschuldigen sich, sind mit den Ergebnissen einverstanden, setzen ihre Verpflichtungen um und werden weniger oft rückfällig. Einer der Gründe dafür ist, dass es eine viel stärkere emotionale Bindung an die Verpflichtung gibt, wenn sie gegenüber dem Opfer gegeben wurde und dazu dient, deren Leid zu verringern. Auch die Unterstützung durch Mitglieder der eigenen Comunity führt zu höheren Erfolgsraten.

Neben all diesen Vorteilen gibt es natürlich auch Risiken. Bei der Entwicklung von RJ-Verfahren sowie bei deren konkreter Umsetzung liegt ein Hauptaugenmerk darauf, diese Risiken so weit als möglich zu reduzieren. Vermittler*innen sind hier verantwortlich, dafür Sorge zu tragen, weswegen für manche Kontexte, wie z.B. häusliche Gewalt, spezielle Fortbildungen unabdingbar sind.

Opfer können retraumatisiert werden. Es kann zu emotionaler Manipulation kommen. Sie erhalten vielleicht beunruhigende Informationen über die Tat, die ihnen vorher nicht bekannt waren. Ihre spezifischen Gerechtigkeitsbedürfnisse können vielleicht nicht erfüllt werden, das Verhalten der tatverantwortlichen Person kann sie enttäuschen oder der Prozess selbst nicht das sein, was sie zu diesem Zeitpunkt brauchten.

Für die tatverantwortliche Person besteht das Risiko, auf ein Opfer zu treffen, das Rachegelüste hegt oder Dinge verlangt, die jenseits ihrer Möglichkeiten liegen. Ihre Anstrengungen können als nicht ausreichend zurückgewiesen werden. Auch für sie kann der Prozess psychisch belastend sein, weil sie mit einem Anteil ihrer selbst konfrontiert wird, den sie vielleicht lieber verdrängen würde oder weil sie sich stark schämt. Sie kann sich durch andere Anwesende stigmatisiert fühlen und vom Prozess als Ganzes enttäuscht sein. Oder es ist auch hier nicht der richtige Zeitpunkt oder nicht das, was sie zu diesem Zeitpunkt gebraucht hätte.

Machtdynamiken können den Prozess korrumpieren: Opfer können sich durch die Täter*innen unter Druck gesetzt fühlen – und anders herum! Vermittler*innen können in Machtspiele verwickelt werden und ihre Allparteilichkeit verlieren oder selbst zu dominant auftreten und die Konfliktparteien um ihr souveränes Entscheidungsrecht in der Konfliktbearbeitung bringen.

Deswegen werden neue Verfahren in der Regel in Pilotprojekten ausprobiert und wissenschaftlich evaluiert.[32] Qualitäts-

32 Wie z.B. im «Handbuch zu Resorative Justice mit Kindern». Zahlreiche Pilotprojekte wissenschaftlicher Evaluierungen finden sich auf der

standards erheben bestimmte Ansprüche an Vermittler*innen, die niemals allein arbeiten (entweder sowieso zu mehreren im Verfahren oder mit Backups, mit denen man reflektieren kann) und sich um regelmäßige Supervision, kollegiale Intervision und Fortbildung kümmern sollen.

Homepage des European Forum for RJ www.euforumrj.org/en/projects.

Kapitel 3
Dialoge und Kreise: Methoden

«Ein Täter kann nicht einmal ansatzweise wissen,
was er getan hat,
solange er es nicht aus erster Hand erfährt und erfühlt,
welche Auswirkungen sein Handeln auf Leute hatte.»
Rupert Ross

Das vorliegende Buch ist nicht als Praxisanleitung zu verstehen, daher werde ich nicht vertieft in die Methodiken einsteigen. Ich versuche, in diesem Kapitel vielmehr einen Überblick über die vielen Ansätze, Methoden und Verfahren zu geben, denn ich halte es unter allen Umständen für unerlässlich, dass Menschen, die erwägen, im Kontext von Restorative Justice aktiv zu werden, entsprechende Trainings und Fortbildungen besuchen und bei anderen Praktizierenden hospitieren. Ein Buch kann inspirieren, aber es reicht nicht als Anleitung! Damit möchte ich in keinem Fall der Professionalisierung das Wort reden. Niemand muss studierte/r Sozialarbeiter*in oder Psycholog*in oder überhaupt Akademiker*in sein, um RJ-Verfahren zu praktizieren, und es wäre wünschenswert, dass viel mehr Menschen ehrenamtliche oder nebenberufliche RJ-Praktizierende wären, wie es z. B. in den norwegischen Mediationszentren üblich ist (dazu mehr später). Die Sprache der Konfliktbeteiligten zu sprechen sowie lebensweltliche Nähe sind oft ein wichtiger Schlüssel zum Gelingen. Aber man sollte schon wissen, was man tut, da schlechte Praxis erheblichen Schaden anrichten kann. Es geht schließlich um schmerzhafte Ereignisse für Betroffene und Tatverantwortliche und ihr Umfeld. Wir sind ihnen daher Sorgfalt schuldig.

Mit Ausnahme der Mediation, die in der Regel nur zwischen Tatbetroffenen und Tatverantwortlichen (meistens also zwei Personen) vermittelt, wird an Restorative-Justice-Verfahren auch das Umfeld oder die «Community» beteiligt[33]. Das bedeu-

33 Auf den Begriff der Community oder Gemeinschaft gehe ich in Kapitel 2 im Abschnitt «Wer ist diese Community?» ein.

tet, dass in der Regel viele Leute anwesend sind. Gemäß den Prinzipien der Gleichberechtigung und der Partizipation bedienen sich fast alle Restorative-Justice-Verfahren der Kreisform. Seit Urzeiten setzen sich Menschen in einem Kreis zusammen, um über ihre Belange zu sprechen. Alle können sich sehen und hören. Alle sind gleich weit vom Zentrum entfernt. Niemand hat eine bevorzugte Position. Das Wort kann leicht von einer zum anderen gleiten. Auch diejenigen, die den Prozess strukturieren, die Mediator*innen, Moderator*innen, *Keepers, Hosts,* Vermittler*innen oder Begleiter*innen, sitzen gleichberechtigt mit im Kreis. Ihnen obliegt nur die Strukturierung des Gesprächs, ohne jede inhaltliche und Entscheidungskompetenz. Was für ein Unterschied gegenüber den theatralischen und machtzementierenden Aufbauten in einem Gerichtssaal oder der trennenden, oft hierarchisch konzeptionierten Settings in den Büros diverser Institutionen, wo beratende und entscheidende Personen hinter einem Schreibtisch verschanzt auf Akten und Bildschirme schauen, die nur sie lesen können.

Die Kreisverfahren lassen sich grob in zwei Hauptgruppen unterteilen. Circles und Conferencing bzw. «Kreise» und «Konferenzen», deren Entstehungsgeschichten, Methoden und Einsatzgebiete unterschiedlich sind. Zu den Kreisen zählen indigene *Talking Circles* wie die *Healing Circles, Peacemaking Circles* der Navajo/Diné, *Restorative Circles* nach Dominic Barter. Unter den Konferenzen finden sich die *Family Group Conferences* in Aotearoa/Neuseeland, die *Community Group Conferences* in Australien, die *Youth Justice Conferences* in Irland, das *Victim-Offender-Conferencing* in den USA, die *Gemeinschaftskonferenzen* in Belgien, den Niederlanden und Deutschland sowie die *Wiedergutmachungskonferenzen* in Österreich. Nicht alle Kreise und Konferenzen dienen der Lösungsfindung nach Konflikten oder Leidzufügung, so etwa der deutsche oder niederländische *Familienrat* oder auch die übrigen österreichischen *Sozialnetzkonferenzen* im Kontext der Fürsorge, die *COSAs (Circles of Support and Accountability)* für Haftentlassene in USA/Kanada oder die an gesellschaftlicher Veränderung orientierten *Transformative Community Conferences.* Der Übergang zu anderen Praktiken ist schleichend und im Kontext internationaler Weiterentwicklung werden die Methoden miteinander kombiniert und neue Hybride konzeptioniert.

Generelles Vorgehen

Ob Mediation, Kreis oder Konferenz: Die Vorgehensweisen ähneln sich sehr. Bevor ich einzelne Verfahren etwas genauer beschreibe, möchte ich auf die ihnen gemeinsamen Fundamente eingehen. Das sind, neben den in Kapitel 2 erwähnten Standards und Prinzipien die restorativen Fragen, bestimmte Abläufe und gemeinsame Faktoren für das Gelingen.

Wie kommt ein Restorative-Justice-Verfahren zustande?

Damit RJ angewendet werden kann, braucht es zunächst irgendeinen Rahmen, der dem Verfahren die Autorität vermittelt, überhaupt für die Lösung zuständig zu sein. Wenn wir uns in einem strafprozessualen Kontext bewegen, ergibt sich dies aus dem staatlichen Auftrag der Justiz, welche über eine Tat informiert wurde und ein Strafverfahren eröffnet hat. Innerhalb dieses Rahmens kann nun der Fall an eine entsprechende, für Restorative-Justice-Verfahren zuständige Stelle abgegeben werden.[34] Staatsanwaltschaft, Gericht oder Polizei übertragen

34 In Deutschland ist ein Täter-Opfer-Ausgleich (TOA) grundsätzlich in jedem Verfahrensabschnitt ab der Anzeige bis zur Urteilsverkündung und bei *jedem* Delikt möglich. In manchen Bundesländer wie etwa Schleswig-Holstein gibt es Ansätze, auch nach einer Urteilsverkündung – also im Justizvollzug – TOA anzubieten. Grundsätzlich können Opfer, Täter und die Justiz – Polizei, Staatsanwaltschaft oder Gericht – einen TOA anregen, allerdings muß eine Zuweisung durch die Justiz an eine TOA-Stelle vorliegen, damit die Kosten übernommen werden. Einen Rechtsanspruch auf einen TOA gibt es derzeit (noch) nicht, allerdings gehen EU-Verordnungen vermehrt in diese Richtung: Opfer sollen in allen Mitgliedsstaaten Zugang zu RJ-Verfahren haben (EU-Opferschutzrichtlinie). Gleichwohl erlaubt § 46 StGB den Betroffenen und Beteiligten, sich frei und selbständig um Vermittlung zu bemühen. Jede außergerichtliche Einigung über einen Schadensausgleich, Wiedergutmachung oder Versöhnung – und auch jedes Benühen hierum – muß vom Gericht bzw. der Staatsanwaltschaft in der Strafzumessung bzw. beim Urteil berücksichtigt werden. Das heißt, ein TOA muß – zumindest in Deutschland – nicht staatlich beauftragt sein. Allerdings werden dann auch etwaige Kosten nicht übernommen. Es ist wichtig zu wissen, dass die Organisierung eines TOAs Ländersache ist und es daher um Verfügbarkeit, Finanzierung und Qualität sehr unterschiedlich bestellt ist.

somit als staatliche Instanzen den RJ-Vermittler*innen mit dem Auftrag ihre Zuständigkeit, welche von Bürger*innen in einem Staat in der Regel akzeptiert wird.

Außerhalb des staatlichen Rahmens bedarf es ebenfalls einer Übereinkunft, dass «dies eine von allen akzeptierte Methode der Konfliktbearbeitung ist». Ich nenne das die Konfliktkultur einer Gruppe – das kann eine politische Bewegung, eine NGO, eine Firma, Schule oder ein Verein sein. Das Verfahren sollte den Leuten zumindest am Rande geläufig sein und sie müssen die Vermittler*in als zuständige Instanz kennen oder zumindest ad hoc als solche anerkennen. Wo dies nicht der Fall ist – etwa in sozialen Kontexten, in denen es keine erklärte Gruppenidentität gibt – wartet eine Portion Extra-Vorbereitungsarbeit auf die Vermittler*in, denn sie muss alles erklären und die Leute vom Mitmachen überzeugen und darauf vorbereiten. Für manche Verfahren reicht das nicht aus, da sie einer bestimmten Haltung oder gemeinsamen Kultur bedürfen. Ohne Rahmen kein Kreis, sagt der Mitbegründer der Restorative Circles, Dominik Barter. Im Prinzip ist es dann wie bei jeder anderen (Gruppen-)Mediation: Eine Konfliktpartei beauftragt eine Vermittler*in, welche sich anschließend an alle Beteiligten und Betroffenen wendet und sie nach ihrer Wahrnehmung und ihrer Bereitschaft, an dem Verfahren teilzunehmen, fragt, um anschließend alle zum gemeinsamen Gespräch einzuladen und dieses zu begleiten.

Außerhalb des strafrechtlichen Kontextes kann jede Person, die sich von einer «Tat» betroffen oder dafür verantwortlich fühlt, ein RJ-Verfahren initiieren, dazu gehören neben den direkt Betroffenen und Verantwortlichen auch Zeug*innen, Angehörige, Freund*innen usw. Es ist für manche Menschen überraschend, wie viele andere um sie herum unter ihrem Konflikt oder ihrer Tat leiden oder wer sich alles möglicherweise mitschuldig fühlt. Die Person, die eine Vermittler*in kontaktiert, nenne ich Initiator*in. Innerhalb des Kontextes der Strafjustiz können nur Beschuldigte oder Geschädigte sowie die ermittelnden Behörden Initiator*innen sein.

Nachdem also eine Initiator*in oder eine Institution der Strafverfolgung eine RJ-Praktiker*in kontaktiert und beauftragt hat, beginnt das RJ-Verfahren. Entweder steht auf Grund von Gesetzen oder kulturellem Kontext bereits fest, welche Methode angewandt wird. Oder die RJ-Praktiker*in bestimmt anhand ihrer Kenntnisse und der Art des Konflikts, welches Verfahren passend erscheint und sie durchführen kann.

Phase 1: Vorbereitung

In der Vorbereitungsphase werden alle Konfliktbeteiligten und -betroffenen sowie je nach Verfahren weitere Unterstützungspersonen kontaktiert und es wird mit jede*r Einzelnen ein *Vorgespräch* geführt. Dabei geht es darum, ihre Wahrnehmung des Konfliktes anzuhören, ihnen das weitere Vorgehen und die Verfahrensweise zu erklären und ihre Bereitschaft zum Mitmachen abzufragen.

Die *restorativen Fragen,* die die Vermittler*innen zu klären haben, sind:

- Wer wurde verletzt und wodurch?
- Was brauchen die Betroffenen?
- Welche Verpflichtungen entstehen aus diesen Verletzungen und Bedürfnissen und in wessen Verantwortung liegen diese?
- Was sind die Hintergründe der verletzenden Handlungen und Bedürfnisse und wie können sie mit einbezogen werden?
- Wer ist noch betroffen und beteiligt («stakeholders»)?
- Welcher Prozess ist angemessen, um alle Betroffenen und Beteiligten in die Lösungsfindung zu involvieren?

Es hilft auch, für sich den Konflikt zu rekapitulieren, um zu sehen, was man verstanden hat und eventuelle Lücken noch zu füllen, Schwierigkeiten zu erkennen oder Widersprüche zu klären. Dabei gilt es als gute Praxis, niemals allein zu agieren, sondern sich mit Kolleg*innen zu besprechen oder Supervision in Anspruch zu nehmen. Für die Analyse des Konflikts sind insbesondere folgende Fragen noch zu berücksichtigen:

- Gibt es Sicherheitsbedenken? (Sind alle Teilnehmer*innen emotional und psychisch stabil genug? Sind unkontrollierte Verhaltensausbrüche zu befürchten? Besteht die Gefahr von Manipulation?)
- Wer braucht noch Unterstützung? Von wem? In welcher Form?
- Wer sollte oder muss noch dabei sein, damit der Fall besprochen und eine tragfähige Lösung gefunden werden kann? (Gibt es z. B. höhere Hierarchieebenen, die mit einbezogen

werden müssen, da sie Lösungen blockieren können? Gibt es Personen mit Schlüsselpositionen oder besonderen Ressourcen?)
- Können alle Betroffenen und Beteiligten ihre Bedürfnisse artikulieren, Informationen verstehen und verarbeiten und über Lösungen verhandeln? Braucht es Unterstützung? (Übersetzung, sprachliche und kognitive Fähigkeiten)
- Welche besonderen Bedingungen müssen erfüllt sein, damit alle sich sicher und willkommen fühlen?

Eine gute Vorbereitung ist die halbe Miete und es ist unerlässlich, dass alle Teilnehmer*innen wissen, worauf sie sich einlassen, was sie erwartet, was von ihnen erwartet wird, was sie ihrerseits erwarten können – und was nicht. Je besser alle den Prozess verstehen, desto besser können sie über ihre Teilnahme entscheiden und sich anschließend einbringen.

Bei Gewaltverbrechen und anderen Fällen mit stark traumatisierten Personen kann die Vorbereitung Monate dauern. Das beißt sich manchmal mit den Zeitplänen der Justiz oder auch einzelner Beteiligter, die sich ein schnelleres Vorankommen wünschen. Es hilft aber nichts: Wenn gehetzt wird, riskiert man ein Scheitern des Prozesses und schlimmstenfalls geraten dabei die Betroffenen unter die Räder, indem sie reviktimisiert, retraumatisiert oder schwer enttäuscht werden. Auch der richtige Zeitpunkt ist wichtig: Manchmal sind Einzelne noch nicht so weit, sich auf eine Begegnung einzulassen, und man muss den Prozess vertagen. Das kann für andere frustrierend sein und für Vermittler*innen stellt sich die Frage, was sie den anderen Teilnehmer*innen als Ersatz oder während der Warteschleife anbieten können. Wo die Ressourcen es erlauben, können diverse *Restorative Practices* zur Anwendung kommen. Zum Beispiel ein Healing oder Listening Circle oder ein Support and Accountability Circle (COSA).

Terminvereinbarung

Sollten alle Teilnehmer*innen bereit sein, wird ein Termin für das erste Treffen vereinbart. Dieser sollte für alle, insbesondere die Hauptbeteiligten, wahrnehmbar sein. Es sollte genug Zeit eingeplant werden. Manche brauchen Abendtermine, da sie arbeiten, aber Müdigkeit und Erschöpfung sowie Zeit zwischen Ende eines möglicherweise aufregenden Meetings und der Nachtruhe sind einzukalkulieren. Möglicherweise brauchen einzelne Unterstützung dabei, den Termin möglich zu machen, weil sie sich um Kinder oder Verwandte kümmern oder von weit her anreisen. Vermittler*innen helfen dabei, diese Hindernisse zu überwinden, indem sie Fragen stellen und Ideen einbringen. Empowerndes Arbeiten heißt, bei ihrer eigenen Lösungssuchen zu unterstützen und bei Bedarf und auf Nachfrage, Wege aufzuzeigen.

Der Ort des Treffens muss gut gewählt sein. Vielleicht gibt es ein eigens für RJ-Verfahren vorgesehenes Umfeld, vielleicht gibt es einen kulturell angemessenen Raum für die Konfliktgemeinschaft. Die Räume sollten hell, freundlich, wohl temperiert, groß genug und mit ausreichend Mobiliar, insbesondere Stühlen, ausgestattet sein. Außerdem muss der Raum für alle leicht erreichbar sein (Barrierefreiheit? Öffentliche Verkehrsmittel?). Viele Konfliktparteien haben sich seit der Tat nicht gesehen und es kann sinnvoll sein, eine zeitliche Abfolge der Ankunft zu planen, damit sie sich nicht unvorbereitet vor der Tür begegnen. Es kann symbolisch und emotional bedeutsam sein, wer zuerst im Raum ist und wer dazukommt. Dies ist in der Terminvereinbarung mit abzuklären.

Das Treffen

Alle Restorative-Justice-Gespräche folgen strukturierten Abläufen, die sich mehr oder weniger ähneln. Mehr als in der Vorbereitung unterscheiden sich die verschiedenen Verfahren in diesem Teil. Im Groben verläuft ein Treffen in etwa folgendermaßen:

1. **Einleitung.** Je nach Kontext leitet ein Willkommensgruß durch die Gastgeber*in, ein Gebet oder ein Ritual die Sitzung ein. Dieser Teil kann wegfallen.
2. **Vorstellung.** Die Vermittler*in stellt sich vor und begrüßt die Teilnehmenden. Sie erinnert kurz daran, was der Anlass der Zusammenkunft ist und welche Regeln gelten (diese sind bereits in den Vorgesprächen geklärt worden). Dann stellen sich die Teilnehmer*innen vor – oder werden von der Vermittler*in vorgestellt, je nach dem, was angemessener erscheint.
3. **Dialog.** Je nach Methode sprechen nun die Betroffenen und Beteiligten miteinander. Oft spricht zuerst die betroffene

und dann die tatverantwortliche Person. Die anderen folgen. Oder es wird reihum gesprochen. Andere Reihenfolgen können angemessen sein, es sollte aber allen vorab klar sein, wie der Ablauf ist. Alle können jederzeit Pausen verlangen, oder den Prozess abbrechen. Wenn Dialoge entstehen, halten sich die Vermittler*innen zurück. Alle sollen ihre Gefühle, Bedürfnisse, Fragen und Wünsche ausdrücken können, so dass klar wird, wer alles wodurch und wie verletzt wurde, wer sich auf welche Art dafür verantwortlich fühlt, was jetzt gebraucht wird und angeboten werden kann. Daraus entsteht dann der Lösungsplan. Dieser Teil kann sich bei komplexeren Fällen über mehrere Termine erstrecken.

4. **Vereinbarung.** Idealerweise entsteht aus dem restorativen Dialog eine Vereinbarung darüber, wie die Teilnehmenden den Schaden oder die Verletzung bestmöglich wiedergutmachen, wie sie zukünftig miteinander umgehen wollen, wer welche Aufgaben übernimmt und andere Ergebnisse des Gesprächs, wie vielleicht eine Entschuldigung, Sicherheitsvorkehrungen oder Vergebungsgesten. Die Handlungsverpflichtungen in der Vereinbarung müssen konkret, ausführbar, zeitlich eingegrenzt und anwesenden Personen zugeordnet sein. Es ist unzulässig, Nicht-Anwesende in die Lösung einzubauen. Die Vereinbarungen werden im Konsens getroffen.
5. **Ausleitung.** Ähnlich der Einleitung kann ein Gebet, Ritual oder Grußwort die Sitzung beenden. Sonst verabschiedet die Vermittler*in alle Teilnehmer*innen und entlässt sie. Manchmal wird die Vereinbarung mit einem Umtrunk oder Ähnlichem gefeiert.

Nachsorge

Eine getrennte Nachsorge mit den Hauptbeteiligten und -betroffenen kann angebracht sein, um zu klären, wie zufrieden sie jeweils mit dem Verfahren waren und ob ihre Bedürfnisse erfüllt wurden. In der Regel wird aber einfach ein Folgetermin vereinbart, zu dem alle noch einmal zusammenkommen, um festzustellen, wie es jedem und jeder mit der Lösung geht, und zu überprüfen, wie gut der Plan funktioniert oder ob er angepasst werden muss. In dem Fall wird nachverhandelt. In der Regel hat die Vermittler*in die Aufsicht über die Umsetzung des Planes, manchmal obliegt diese Aufsicht auch der auftraggebenden Instanz der Justiz.

Erfolgsfaktoren

Das Gelingen eines Restorative-Justice-Verfahrens hängt nicht vom Zufall ab. Abgesehen von den Persönlichkeiten der Teilnehmenden liegt viel in den Händen der Vermittlung.

Einige Punkte sind:

- Vorbereitung! Vorbereitung! Vorbereitung! Es ist ein Allgemeinplatz, dass RJ-Verfahren oft an schlechter Vorbereitung scheitern. Gut vorbereitete Teilnehmer*innen wissen, was auf sie zukommen kann, was sie erwarten können und was von ihnen erwartet wird. Sie haben die Werte und Prinzipien des Verfahrens verstanden und dazu ja gesagt. Das heißt nicht, dass es nicht auch einmal «heiß hergehen» kann, aber in der Regel lassen sich aus der Kontrolle geratene Situationen wieder einfangen, wenn die Fundamente in der Vorbereitung gelegt wurden. Es hat sich gezeigt, dass Betroffene, die von «ihrem» RJ-Verfahren enttäuscht waren, oft zu hohe Erwartungen daran hatten, weil sie nicht ausreichend im Vorfeld aufgeklärt wurden.
- Abklärung der Autonomie: Haben die Teilnehmenden selbst über ihre Teilnahme entscheiden können?
- Ist es der richtige Zeitpunkt?
- Sind alle da, die es braucht?
- Gibt es Leute, deren Beteiligung (nicht notwendigerweise Teilnahme am Prozess, aber «mit ins Boot holen») die Chance des Gelingens erhöht? Das können kulturelle, religiöse oder andere Autoritätspersonen sein, die z. B. durch ihre ausdrückliche Unterstützung für den Prozess oder das Ergebnis die Ernsthaftigkeit und Wichtigkeit unterstreichen. Es können politische Mandatsträger oder Behördenvertreter*innen sein, die Prozess und Ergebnis auch in der Öffentlichkeit verteidigen oder Hürden bei der Umsetzung aus dem Weg räumen. Das ist besonders im Kontext von Fällen öffentlichen Interesses relevant.
- Sind alle gehört worden?
- «Coffee is very important.» Mit diesem Satz versinnbildlicht die belgische Mediator*in in Strafsachen, Kristel Buntinx, die Wichtigkeit, auf scheinbare Kleinigkeiten wie Getränke,

Snacks oder auch Raumgestaltung zu achten. In einem angespannten Moment einen Schluck Kaffee zu nehmen, kann helfen, ihn durchzustehen.

- «You are *only* the host, but you *are* the *host*»: Die Kunst der Vermittlung ist es, die Waage zu halten zwischen Intervention und Zurückhaltung. Die Hauptaufgabe besteht darin, den Raum zu halten, damit die Teilnehmenden sicher durch den schmerzhaften Prozess kommen.
- Pausen einplanen und dem Prozess insgesamt genug Zeit geben.
- Realistische Lösungspläne
- Nachsorge!

Conferencing

Conferencing-Verfahren im Kontext von Restorative Justice gehen auf die Family Group Conferences in Aotearoa/Neuseeland zurück, wo sie auf Drängen der Maori entwickelt und 1989 gesetzlich eingeführt wurden.

Als eines der wenigen kolonisierten Völker haben es die Maori geschafft, mit dem Vertrag von Waitangi 1840 den britischen Kolonisator*innen weitgehende Souveränitätsrechte abzutrotzen. Sie mussten zwar ihr Land der «Krone» geben, erhielten im Gegenzug aber die britische Staatsbürgerschaft und behielten ihre Selbstverwaltung. Es bleibt eine Geschichte von Invasion, Kolonisierung und Landraub, und eines der vielen hässlichen Details sind die erheblichen Unterschiede zwischen der englischen und der Maori-Version des Vertragstextes, mit denen die Maori übers Ohr gehauen wurden.[35] Es folgten Jahrzehnte der forcierten Assimilierung. Doch die Selbstverwaltungsrechte haben den Maori erlaubt, ihre Kultur zu pflegen und der Pakeha[36]-Regierung mit größerem Selbstbewusstsein gegenüberzutreten.

35 Eine freundlichere Interpretation besagt, dass manche englischen Wörter nicht wörtlich auf Te Reo Māori übersetzbar waren und es sich daher nicht um eine exakte Übersetzung handelt – komischerweise betrafen diese Übersetzungsprobleme vor allem die Stellen, wo es um Souveränitätsrechte geht. Der Streit um diese «Ungenauigkeit» ist ein Grund für die Neuseelandkriege 1845–1872.

36 Pakeha ist das Maori Wort für die weißen britischen Kolonisator*innen.

Eine soziale Krise in den achtziger Jahren des 20. Jahrhunderts war unter anderem von hohen Inhaftierungsquoten von Jugendlichen, darunter überdurchschnittlich vielen Maori, geprägt. Maori-Vertreter*innen warfen der Pakeha-Verwaltung institutionellen Rassismus vor: die Maori-Jugendlichen würden von durchweg weißen Staatsanwält*innen, Richter*innen, Fürsorgevertreter*innen und Sozialarbeiter*innen behandelt, in einem System, welches ihren Familien- und Gemeinschaftszusammenhalt untergrabe und auf Strafe anstatt Lösung aus sei. Dieser Ansatz sei weiß und ihrer Kultur fremd. Selbstverwaltung impliziere Souveränität in allen Angelegenheiten, die Recht und Gesetz, Religion und Bildung betreffen, und sie forderten eine andere Form der Reaktion auf jugendliche Gesetzesübertritte. Ich erinnere mich, gelesen zu haben, dass die Maori den Pakeha «Barbarei» im Umgang mit Jugendlichen vorwarfen. Wenn Jugendliche in Schwierigkeiten geraten, sei die ganze Gemeinschaft (whanau – erweiterte Familie, hapu – Clan und iwi – Stamm, Nation) verantwortlich, denn sie habe diese Kinder hervorgebracht. Man könne sie unmöglich damit alleine lassen und vor lauter Erwachsenen anklagen. Mindestens whanau müsse einbezogen werden. Dazu kam, dass, wie in vielen anderen von Weißen kolonial besiedelten Ländern, die indigenen Communities Aotearoas/Neuseelands unter der Entfremdung durch die Kolonialisierung litten und dies Sucht-, Gewalt- und Delinquenzprobleme erzeugte.

Nach langen Anhörungen reagierte die Pakeha-Regierung 1989 mit dem Erlass des Oranga Tamariki (Children, Young Persons and their Families Act), welcher die Family Group Conferences ins Zentrum stellt, wenn es um das Wohlergehen oder die Delinquenz von Kindern und Jugendlichen geht. Mit Ausnahme von Mord und Totschlag sind alle Fälle jugendlichen Fehlverhaltens in einer Familiengruppenkonferenz zu verhandeln, das Gleiche gilt für Fälle der Fürsorge.

Der Begriff «Konferenz» hat sich seitdem weltweit in verschiedenen Kontexten für ähnliche Vorgehensweisen etabliert. Er wird als geeigneter angesehen als «Mediation», der für manche Menschen anklingen lässt, die Betroffenen müssten über ihre Bedürfnisse und ihre Wahrnehmung mit den Beschuldigten wie mit einer Geschäftspartner*in «verhandeln». Und er ist neutraler als der in den USA und Kanada eine Zeit lang gebräuchliche Begriff des «Victim Offender Reconciliation Program» (VORP, Opfer-Täter*in-Versöhnungs-Programm), welcher den Aspekt der Versöhnung (wenn auch explizit nicht als Ziel oder Zwang vorgesehen) zu sehr betonte. Da viele Menschen beteiligt sind und es auch um das konkrete Erarbeiten eines Handlungsplans geht, ist «Konferenz» auch ernsthafter als das ebenfalls ab und an gebräuchliche «Dialog». Mithin haben sich in einigen Ländern eigene «Conferencing»-Verfahren entwickelt.

Family Group Conferences (FGCs)

FGCs sind in Aotearoa Teil des Justizsystems. Die Vermittler*in heißt daher «Youth Justice Coordinator». Neben der beschuldigten Person und ihrer Familie oder Unterstützer*innengruppe nehmen teil: die betroffene(n) Person(en) und ihre Unterstützer*innen, ein*e Vertreter*in der Polizei, ein*e Jugendrechtsanwält*in (zuständig für die Einhaltung der Rechte der beschuldigten Jugendlichen), Sozialarbeiter*innen und andere Informant*innen, Expert*innen oder Unterstützer*innen je nach Bedarf.

Gemäß dem «Little Book of Family Group Conferences» verfolgen die FGCs sieben Ziele und Prinzipien. Da sie sich insbesondere auf Jugendliche als Beschuldigte beziehen, die Gedanken dahinter jedoch übertragbar sind, habe ich sie an manchen Stellen allgemeiner formuliert. Rassismus und Kolonialismus als Entstehungshintergrund sind mitzudenken: nicht nur Maori in Aotearoa sind im Justizsystem überrepräsentiert. In allen weiß besiedelten Ländern werden PoCs kriminell stigmatisiert und dem Justizsystem fehlt es an kultureller Sensibilität. Hierauf versuchen die Conferences zu reagieren. Da in Aotearoa alle beteiligten Institutionen (Polizei, Gericht, Sozialbehörden, Vermittler*innen etc) sich diesen Prinzipien und Zielen verpflichten, funktioniert der Ablauf besser und restorative Lösungen werden wahrscheinlicher. Sanktionen sind im Übrigen als Teil des Lösungsplans nicht ausgeschlossen (sofern die Beschuldigten einverstanden sind).

Ziele und Prinzipien

1. Diversion: Leute aus dem Justizsystem heraushalten und eine Stigmatisierung als Straftäter*innen verhindern. Strafverfahren sind daher unter allen Umständen zu vermeiden, außer

es besteht ein dringendes öffentliches Interesse. Außerdem ist das Justizsystem kein geeigneter Ort, um über das Schicksal und Wohlergehen eines Kindes zu entscheiden.

2. Rechenschaft durch Verantwortung: Täter*innen zur Rechenschaft ziehen, indem man sie dazu ermutigt, Verantwortung für ihre Handlungen zu übernehmen und zugefügtes Leid nach Möglichkeit wiedergutzumachen. Durch die Wahl der am wenigsten restriktiven Lösung soll der tatverantwortlichen Person Raum zur persönlichen Entwicklung gegeben werden.
3. Beteiligung der Betroffenen: Die Bedürfnisse von Betroffenen müssen berücksichtigt werden und ihre Stimme muss gehört werden. Sie müssen die Möglichkeit erhalten, über die Lösung mitzubestimmen.
4. Die Familie bzw. das Umfeld der Tatverantwortlichen stärken und mit einbeziehen, um zu einer tragfähigen Lösung zu kommen und ggf. Hintergrundprobleme aufzudecken, die in der Folge angegangen und transformiert werden können. Sie fühlen sich oft hilflos und überfordert. Die Justiz verstärkt das nur. Gerechtigkeitsverfahren müssen im Gegenteil Selbstbestimmung in der Konfliktregelung und Zusammenhalt stärken.
5. Stärkung des Demokratiesinns durch Entscheidung im Konsens.
6. Kulturelle Selbstbestimmung: Der Prozess soll im Rahmen des Möglichen an den kulturellen Hintergrund der Beteiligten angepasst sein.
7. Die Rechte der beschuldigten Person sind insbesondere unter Berücksichtigung ihres Alters zu wahren.

Ablauf

Das Verfahren folgt in etwa dem im allgemeinen Teil beschriebenen Muster. Ein Extra ist, dass nach der Eröffnung durch die Vermittler*in die Polizei die Sachlage nach ihrem Kenntnisstand schildert, bevor Betroffene und Beschuldigte sprechen. In der Mitte, nach der ersten Dialogphase, gibt es zudem eine in der deutschen Variante «Familienzeit» genannte Phase. Hier zieht sich die Familie oder Unterstützer*innengruppe der beschuldigten Person mit dieser gemeinsam zurück, um einen Lösungsplan auszuarbeiten. Währenddessen haben die anderen Pause. Dies ist eine Gelegenheit für die Vermittler*in, nachzuhören, wie die anderen Teilnehmenden, insbesondere die betroffene Person, den Prozess bis jetzt empfindet, um ggf. Adaptionen vorzunehmen.

Danach wird der Lösungsplan präsentiert. Es ist wünschenswert, dass dies die beschuldigte Person selbst tut: Das ermöglicht, zu erkennen, ob sie die Vorschläge wirklich selbst vertritt, und zeigt ihre Verantwortungsübernahme. Der Plan wird nun von allen diskutiert, verhandelt und nach Bedarf angepasst und im Konsens verabschiedet. Die Vermittler*in informiert die zuständigen Justizbehörden über das Ergebnis und überwacht die Erfüllung des Lösungsplans. Ein gescheiterter Lösungsplan führt ggf. zur Eröffnung eines Strafverfahrens.

Community Group Conference (CGC)[37]

Inspiriert von ihren neuseeländischen Nachbar*innen wurde in Australien zunächst ein als «Wagga-Modell» bekannt gewordenes Verfahren im Bundesstaat New South Wales ausprobiert. Seine Besonderheit besteht darin, dass die Polizei die ausführende Institution ist. Die anderen Bundesstaaten hatten jedoch Zweifel an dieser Herangehensweise (die heute noch in England u.A. von der Thames Valley Police praktiziert wird) und beschlossen, beim neuseeländischen Original zu bleiben. Darüber hinaus wurde in einem Versuch mehr transformative Elemente in das Verfahren einzubauen und Conferencing auch für Erwachsene anzubieten, in einem Pilotprojekt im Bundeststaat Western Australia ein Verfahren namens Community Group Conferencing entwickelt.

---

37 Nach Brian Steels & Dot Goulding: Developing, Implementing and Researching a communitarian model of restorative & transformative justice for adult offenders in magistrate courts. In: MS King & Katherine Auty (Hg): The Therapeutic Role of Magistrates Courts, 1 eLaw Journal (Special Series), elaw.murdoch.edu.au, 2006.
dies.: 10 years on, the 3 circle model of Restorative and Transformative Justice: a tool to combat victimization and recidivism. Asian Journal of Criminology. Vol 8. 2013.
dies: Restorative and Therapeutic Practices and Solutions within a non-custodial environment. Presentation at the ASEAN + 3 conference on probation and non-custodial measures, Bangkok 2013.

Ablauf

CGC wird auch das «3-Kreise-Modell» genannt. Im ersten Kreis kommt die tatverantwortliche Person mit ihrer Community zusammen, nachdem sie sich in einem Strafverfahren als schuldig bekannt hat. Sie kann hier ihre Geschichte erzählen, aber sie bekommt auch von den ihr nahestehenden Menschen zu hören, wie es ihnen mit der Tat geht und wie sie davon betroffen sind. Ein Team aus zwei Mediator*innen achtet besonders auf Momente der Schuldabwehr und Verantwortungsleugnung und lädt zu einer Neubetrachtung der Ereignisse ein, welche der Verantwortungsübernahme eher gerecht wird. Typische Motive der Abwehr sind das Schieben der Verantwortung auf die Umstände oder höhere Mächte, das Leugnen der Verletzungen oder des Schadens auf Seiten der Betroffenen, die Schuldumkehr, die dem Opfer (Mit-)Schuld an den Ereignisse gibt, das Narrativ, es hätte die Verletzung «verdient», das «Anklagen der Ankläger», im Zuge dessen man sich selbst zum Opfer der Justiz stilisiert, sowie das Rechtfertigen der Tat im Namen einer guten Sache.

Typische Schuldabwehrmotive

Motiv	Beispiel
Schieben der Verantwortung auf die Umstände oder höhere Mächte	«Ich konnte nicht anders.» «Gott hat mich beauftragt.» «Das Schicksal wollte es so.»
Leugnen der Verletzungen oder des Schadens auf Seiten der Betroffenen	«Das hat doch gar nicht wehgetan.» «Die spielt bloß das arme Opfer.»
Schuldumkehr, die dem Opfer (Mit-) Schuld an den Ereignisse gibt	«Er hat mich provoziert.» «Sie hat mich angelächelt.»
Das Narrativ, es hätte die Verletzung «verdient»	«Sie hat die Ehre der Familie verletzt.» «Er hat sich nicht an die Regeln gehalten.» «Sie ist verdorben.»
Das «Anklagen der Ankläger»	«Wollt ihr mein Leben zerstören?»
Rechtfertigen der Tat im Namen einer guten Sache	«Gott will es so.» «Wir verteidigen unsere Heimat.» «Das ist Teil des Kampfes für Gerechtigkeit.»

Darüber hinaus sollen die Teilnehmenden versuchen, tieferliegende Ursachen für die Tat zu identifizieren und nach Möglichkeiten der Bearbeitung dieser Hintergründe suchen. Die Anwesenheit von Menschen, die sie gut kennen, macht es in der Regel den Beschuldigten unmöglich, Tatsachen zu verdrehen oder sich herauszureden. Gleichzeitig kommen Hintergründe wie Suchtproblematiken, Stress und Traumatisierung, Aggressionsprobleme und anderes eher zur Sprache.

Am zweiten Kreis nehmen die betroffene Person sowie all jene, die sie dazu eingeladen hat, teil. Der Fokus liegt auf Unterstützung und Heilung, Empathie und Empowerment. Bedenken und Bedürfnisse können geäußert und diskutiert sowie, falls nötig, Sicherheitspläne erstellt werden. Er soll der Vorbereitung zur Teilnahme einiger oder aller am dritten, dem Community Circle, dienen.

Die beiden ersten Kreise legen also das Fundament für den letzten, gemeinsamen Kreis, in welchem die Teilnehmenden respektvoll über das Geschehene und ihr Erleben sprechen und nach Wegen der Wiedergutmachung/Schadensregulierung suchen, unterstützt von Familie und/oder Freund*innen. Begleitet werden sie von einem gemischten Team aus zwei Vermittler*innen. Die betroffene Person bestimmt, wer zuerst spricht. Nach einer ersten Aussprache trennen sich beide Gruppen und ziehen sich zu Beratungen zurück. In den darauffolgenden Verhandlungen über die Lösung entsteht der «Mutually Agreed Plan» (gemeinsam beschlossener Plan, MAP).

Sollte die betroffene Person kein Interesse an einer CGC haben, bleibt es beim ersten Kreis mit der beschuldigten Person, und es wird versucht, hier einen Plan zu erarbeiten. Der MAP wird an die zuständige Instanz der Justiz berichtet, welche diesen in ihre Entscheidung einbezieht.

Victim-Offender-Conferencing[38]

Ein weiteres am neuseeländischen Modell angelehntes Verfahren sind die in Nordamerika entwickelten Victim-Offender-Conferences (VOCs, Opfer-Täter-Konferenzen). Sie sind aus den bereits erwähnten ursprünglichen «Victim-Offender-Reconciliation-Programms» hervorgegangen und unterscheiden sich von ihrem neuseeländischen Vorbild vor allem dadurch, dass sie sich nicht explizit an jugendliche Beschuldigte richten. Entsprechend besteht die Community nicht automatisch aus der Familie der Beschuldigten und Betroffenen, sondern aus Unterstützungspersonen ihrer Wahl. Auch die Auszeit während der Konferenz,

38 Nach: Lorraine Stutzman Amstutz: The Little Book of Victim-Offender-Conferencing. Good Books, Skyhorse Publishing, New York 2009.

in welcher die beschuldigte Person mit ihrer Familie eine Lösungsvorschlag ausarbeitet, ist so nicht vorgesehen. Vielmehr wird, wie in vielen anderen Verfahren auch, in der großen Runde verhandelt. Die Anwesenheit von Vertreter*innen der Polizei oder anderen Behördenvertreter*innen ist ebenfalls nicht Teil des Konzepts.

Gemeinschaftskonferenzen Elmshorner Art[39]

Ziel eines Pilotprojekts in Elmshorn (Schleswig-Holstein) 2006 war es, den üblichen deutschen TOA (Mediation in Strafsachen) zu erweitern und zu intensivieren. Dafür wurden Teile der neuseeländischen FGC übernommen und zu einer neuen Form verbunden, ähnlich der belgischen «Herstelgericht Groepsoverleg» (Hergo-)Konferenzen. Wie die beiden ausländischen Vorbilder beziehen sich die Gemeinschaftskonferenzen auf jugendliche Beschuldigte. Als Teilnehmende sind neben der tatverantwortlichen Person und ihren Vertrauenspersonen vorgesehen: die Betroffenen und ihre Unterstützer*innen sowie die Polizei und ein gemischtgeschlechtliches Mediator*innenteam. Unterstützungspersonen sind Vertrauenspersonen der jeweiligen Konfliktpartei, die bereit sind, an der Bearbeitung des Konfliktes mitzuarbeiten und Verantwortung für die Umsetzung der Lösung zu übernehmen. Sie gelten als die «Gemeinschaft» der jeweiligen Konfliktpartei. Von ihrer Anwesenheit verspricht man sich eine genauere Aufklärung der Hintergründe und Bedürfnisse, um diese in der Lösung zu berücksichtigen. Die Anwesenheit der Polizei soll die Ernsthaftigkeit der Zusammenkunft unterstreichen und die Gesellschaft repräsentieren. Auch sonst – etwa im Ablauf – folgt das Modell weitgehend dem Vorbild aus Aotearoa.

39 Siehe Frank Früchtel & Anna-Maria Halibrand: Restorative Justice. Theorie und Methode für die Soziale Arbeit. Springer VS, Wiesbaden 2016, Kapitel 7.

Circles[40]

«Was also verwandelt ein Treffen in einen Circle? Es ist der Wille der Teilnehmenden, von informellem Gerede (oder auch Geplappere) oder Diskussionen, in denen alle auf ihren Meinungen beharren, den Schritt zu einer anderen Haltung zu gehen: Zu einer Haltung, die gekennzeichnet ist von Offenheit, achtsamem Reden und tiefem Zuhören.»

PeerSpirit, Basis-Richtlinien für Circle-Treffen

Der Kreis ist die naheliegendste Form. Er ist allgegenwärtig: Wenn Menschen sich spontan oder zufällig treffen, stehen oder sitzen sie kreisförmig zusammen, denn so können sich alle sehen und sind durch die Position gleichberechtigt. In der Natur findet sich nicht nur die geographische Form des Kreises an vielen Orten, auch Entwicklung findet in Kreisläufen statt, nichts ist linear, wie es das westliche Denken nahelegt: Jahreszeiten, Lebenszyklen, der Rhythmus unseres Körpers, planetare Bewegungen. Auch unsere persönliche Entwicklung ist kreisförmig. Günstiger wäre es noch, von einer Spirale zu sprechen: Man kommt immer wieder an den gleichen Punkten vorbei, aber die Perspektive ist jedes Mal neu, denn man hat dazugelernt, sich entwickelt. Kreisförmigkeit impliziert nicht Stillstand oder «immer wieder das Gleiche», sondern ein Vorwärts in Schlaufen. Und weil der Kreis die grundlegendste natürliche Form ist, hat er in vielen indigenen Gesellschaften eine besondere Stellung. Besprechungen fanden und finden in *Talking Circles* statt und auf diese gehen heutige moderne Kreisverfahren zurück.

Es geht also in diesem Sinne auch bei Restorative Justice nicht, wie manchmal kritisiert, darum, einen früheren Zustand wiederherzustellen (was ohnehin zum Scheitern verurteilt wäre), sondern darum, durch Heilung und Reparation den alten Ort neu zu betreten. Denn auch wenn vieles weitergeht wie vorher, ist man selbst verwandelt[41].

---

40 Siehe Kay Pranis: The Little Book of Circle Processes, Good Books, Skyhorse Publishing, New York 2005.
Früchtel/Halibrand, Kapitel 8. www.thecircleway.com
Union of the Condor, Quetzal and Eagle: Foundation Paper, Guidelines for talking and healing circles.

41 Dies trifft leider bei vielen Mediationsverfahren im Kontext der Strafjustiz nicht zu, da hier die «Wiederherstellung des Rechtsfriedens« ein zen-

Einen Kreis einzuberufen, um etwas zu besprechen, ist etwas anderes als ein Plenum oder ein Meeting. Kreise folgen einem klar definierten Ablauf und es gelten besondere Vereinbarungen. Kreisgespräche schaffen einen starken Rahmen, in dem Platz ist für Wut und Ärger, Schmerz und Wahrheit, widerstrebende Ansichten und Paradoxa, Freude und Schweigen. Die Circle-Keeperin Kay Pranis spricht in diesem Zusammenhang von Freiheit: der Freiheit, seine Wahrheit auszusprechen, die Maske fallen zu lassen, als ganzer Mensch da zu sein, Fehler einzugestehen und Schmerz, Wünsche und Sehnsüchte auszudrücken. Kreisverfahren eignen sich gut, wenn es viele Betroffene und Beteiligte gibt oder wenn große Machtunterschiede oder die Gefahr von Manipulation bestehen. Bei Zeitknappheit und der Notwendigkeit, eine schnelle Lösung zu finden, sind sie nicht das Mittel der Wahl. Auch sind sie auf Grund der besonderen Haltung, die sie verlangen, voraussetzungsvoll. Sie eignen sich daher besonders gut für klar definierte soziale Kontexte (Schulen, Firmen, Organisationen etc.), die Kreise als Basis ihrer Konfliktkultur implementieren möchten. Übung macht wie so oft die Meister*in.

Varianten

Je nach Anlass gibt es verschiedene Arten von Kreisen, darunter Healing Circles, um Schmerz zu teilen und Menschen in ihrem Heilungsprozess zu unterstützen; Support Circles, in denen Unterstützungs- und Vertrauenspersonen mit einer Person zusammenkommen, um sie in einer schwierigen Lebensphase zu unterstützen; Celebrating Circles, in denen ein Erfolg gefeiert oder Freude über ein Ereignis geteilt wird, und so weiter. Kreise, in denen Tatbetroffene, Tatverantwortliche und das weitere Umfeld aufeinandertreffen, um die Hintergründe und Auswirkungen einer Tat zu besprechen und eine Lösung für den Konflikt zu finden, sind Peacemaking Circles / Friedenszirkel und Sentencing Circles. Auch Healing Circles, Understanding Circles und Support Circles gehören in das Umfeld von Restorative Justice. Sie können der Vorbereitung der jeweiligen Partei für den gemeinsamen Termin dienen oder bei der Umsetzung des Lösungsplans hilfreich sein.

---

trales Anliegen ist und eine Infragestellung des Status quo ante nicht in Frage kommt.

Peacemaking Circles

1982 haben die Navajo/Diné ihr traditionelles Justizsystem «hozhooji naat'aanii» wieder eingeführt, da sie mit dem ihnen aufgezwungenen weißen Strafjustizsystem und seinen ihm zugrundeliegenden Konzepten von Kriminalität und Strafe nicht zurechtkamen. Heute arbeiten mehr als 250 ausgebildete Diné-Peacemaker*innen in 110 Untergruppen der Diné Nation, und aus aller Welt kommen Menschen zu ihren Peacemaking-Ausbildungen. Dies ist der Ursprung der Peacemaking Circles, wie sie auch in westlichen Kontexten von Restorative Justice zu finden sind.

Ein Peacemaking-Kreis ist ein besonderer, um nicht zu sagen «heiliger» Ort kollektiver Weisheit, an dem alle geben und nehmen und gemeinsam ein neues Verständnis von Problemen und neue Lösungswege entwickeln. Die Idee der Verbundenheit aller Dinge ist zentral, ein Problem kann daher nicht isoliert betrachtet und bearbeitet werden, denn alles andere wird mitbeeinflusst. Das bedeutet auch, dass wir alle einander brauchen und für einander da sein müssen. Wenn eine*r verletzt ist, sind alle verletzt. Wenn eine*r Gewalt ausgeübt hat, haben alle Mit-Verantwortung. Niemand wird allein- oder zurückgelassen. In Kreisen werden die Anwesenheit und die Beiträge aller Teilnehmenden gewürdigt und der Ausdruck der vier Aspekte der menschlichen Existenz – geistig, emotional, körperlich und spirituell – wird unterstützt. Alle haben das gleiche Rederecht, niemand wird unterbrochen und alle hören «mit dem Herzen» zu.

Die Elemente eines Circles

- Die Absicht

Die Absicht bestimmt den Kreis. Von ihr hängt ab, wer teilnimmt, für wie lange sich der Kreis trifft und welche Ergebnisse erwartet werden. Die Person, die den Kreis einberuft, formuliert in ihrer Einladung die Absicht.

- Die Einleitung

Zu Beginn steht eine Geste der Gastgeber*in oder einer anderen Person, die die Aufmerksamkeit der Anwesenden aus der Energie einer normalen Small-Talk-Unterhaltung hinaus in die Haltung des Kreises führt. Diese Anfangsgeste kann aus einem

Augenblick der Stille bestehen, dem Vorlesen eines Gedichts, dem Hören eines Liedes – alles, was hilft sich zu zentrieren.

- Die Mitte

Die Mitte eines Circle ist wie die Mitte eines Rades: die Energie läuft durch diesen Punkt und die Mitte hält den Rand zusammen. Um an diese Funktion zu erinnern, wird sie mit Objekten, die die Intention der Gruppe zum Ausdruck bringen oder einfach der Schönheit dienen, gestaltet. Das können Blumen, eine Schale oder ein Korb, eine Kerze oder andere Gegenstände sein.

- Die Begrüßung

Eine Anfangsrunde hilft den Teilnehmenden, sich auf den Circle einzustimmen und erinnert alle noch einmal an ihre gemeinsame Intention. Ein «Check-in» sorgt dafür, dass alle wirklich präsent sind. Wenn wir einander etwas von uns mitteilen, weben wir an dem zwischenmenschlichen Netz, das uns verbindet.

Eine Check-in-Runde beginnt normalerweise mit einem oder einer Freiwilligen und geht dann weiter im Kreis. Wenn jemand noch nichts sagen möchte, ist der/die Nächste dran – am Ende gibt es noch einmal die Möglichkeit zu sprechen für die, die sich vorher noch nicht bereit gefühlt hatten. Manchmal legen die Teilnehmenden auch individuelle Objekte mit in die Mitte, um ihre persönliche Beziehung zur Kreis-Intention auszudrücken.

- Die Vereinbarungen

Vereinbarungen dienen dazu, dass für alle ein freier und tiefer Austausch ermöglicht wird, unterschiedliche Ansichten respektiert werden und alle die Verantwortung für das Wohlergehen und die Richtung der Gruppe teilen. Es sind Versprechen der Teilnehmenden aneinander, wie sie sich im Kreis zueinander verhalten wollen, und diese werden vor Beginn eines Kreises ausgemacht. Vereinbarungen sind nicht als Regeln zu verstehen und niemand sollte mit ihrer Hilfe verurteilt werden, sie sind vielmehr freundliche Erinnerungen an die ursprüngliche Zusage, gemeinsam einen sicheren Ort für ein schwieriges Gespräch zu schaffen.

Häufig werden folgende Vereinbarungen getroffen:

- Was im Kreis gesagt wird, bleibt im Kreis und wird nicht nach außen getragen.
- Wir hören einander mit Empathie und Interesse zu.

- Wir bitten um das, was wir brauchen und geben das, was wir können.

- Prinzipien und Praktiken

Im Kreis liegt die Verantwortung für die Gruppe bei allen Teilnehmenden. Dies soll mit Hilfe von folgenden Prinzipien und Praktiken erreicht werden:

- Alle achten auf die Qualität des Treffens.
- Die Inspiration (der Geist) des Treffens zählt, nicht persönliche Vorhaben.
- Wir achten auf unsere Absicht beim Sprechen und darauf, was gerade für das Gespräch relevant ist.
- Wir hören aufmerksam zu und sind respektvoll gegenüber dem Lernprozess aller Teilnehmer*innen.
- Wir tragen zum Wohl des Kreises bei, indem wir uns der Wirkung unserer Beiträge bewusst sind.

Zu den Regeln des Diné-Peacemaking gehört, dass man die Beiträge anderer Teilnehmer*innen nicht kommentiert, weder positiv noch negativ, sondern nur seine eigene Ansicht teilt. Auch sich selbst sollte man nicht durch relativierende Bemerkungen herabsetzen («ich habe eh keine Ahnung» und dergleichen).

- Storytelling

Die Basis des guten Gesprächs in einem Kreis ist das gegenseitige Kennenlernen und der Aufbau von Beziehungen und Vertrauen unter den Teilnehmer*innen. Daher ist das Erzählen von Geschichten eigener Erfahrungen und Hintergründe eine wichtige Form des Sprechens. Geschichten werden anders aufgenommen als Argumente, sie sprechen nicht nur die kognitiven, sondern auch die emotionale und spirituelle Ebene an und sie sagen etwas über die Sprecher*in, was den anderen erlaubt, sie besser kennenzulernen.

- Der Redestab

Der Redestab ist ein (möglicherweise für die Gruppe symbolisch bedeutsamer) Gegenstand, der von der Person gehalten wird, die gerade spricht. Er erinnert daran, dass die anderen der sprechenden Person die ungeteilte und konzentrierte Aufmerksamkeit schenken sollen und niemand unterbrochen wird. Er verlangsamt die Gesprächsdynamik, unterstützt den umfassenden Selbstausdruck der sprechenden Person und vertieftes Zuhören bei den anderen. Er wird meist reihum weitergegeben, kann aber auch anders zirkulieren. Menschen, die nicht gerne vor anderen sprechen, erhalten durch ihn mehr Raum. Er verpflichtet jedoch nicht zum Sprechen, sondern kann weitergegeben oder auch in Stille gehalten werden.

- Stille

Stille oder Reflexion gibt allen Zeit, darüber nachzudenken, was gerade geschieht oder ansteht, welche Wirkung sie auf die Gruppe haben, was es braucht, damit die Gruppe wieder zu ihrer ursprünglichen Intention zurückfindet, oder um eine Frage still innerlich zu bewegen. Jede Teilnehmer*in kann eine Zeit der Stille vorschlagen. Sie wird durch ein akustisches Signal der Hüter*in ein- und ausgeleitet.

- Der/die Guardian/Keeper/Hüter*in

Die Rolle der Hüter*in des Kreises besteht darin, darauf zu achten, dass die Gruppe ihren ursprünglichen gemeinsamen Intentionen treu bleibt und der Ablauf und die Regeln respektiert werden. Keeper haben keine inhaltliche Kompetenz, ihre Aufgabe ist lediglich, auf den Prozess zu achten, den Rahmen zu halten, Struktur zu geben. Sie haben in der Regel eine Glocke, Rassel, einen Gong oder etwas Ähnliches, um bestimmte Abschnitte wie die Stillezeit ein- und ausleiten zu können.

- Konsensentscheidungen

In einem Kreis werden Entscheidungen im Konsens getroffen. Das heißt nicht, dass alle von einem Ergebnis begeistert sein müssen, aber alle müssen damit leben können und seine Umsetzung unterstützen wollen.

- Schluss/Abschied

Am Ende eines Circle-Treffens ist es wichtig, dass alle einen Moment lang die Möglichkeit erhalten, mitzuteilen, was sie gelernt haben oder von dem Treffen mit nach Hause nehmen. Diese letzte Runde beendet das Treffen formell. Nun gilt es wieder «umzuschalten»: Von der Kreisenergie zum alltäglichen Umgang miteinander. Der Kreis erfordert intensive Aufmerksamkeit füreinander, aus dieser besonderen Energie werden die Teilnehmer*innen nun wieder entlassen. Die Gastgeber*in, der Guardian oder jemand anderes aus der Gruppe sagt manchmal noch ein paar abschließende Worte zum Abschied.

Sentencing Circles («Sanktionierungszirkel»)

Das Ziel eines Sanktionierungskreises ist es, mit allen Betroffenen und Beteiligten einer Tat und deren Umfeld und Unterstützungspersonen eine angemessene Reaktion auf eine Leidzufügung auszuarbeiten. Oft geschieht dies in Kooperation mit dem Strafjustizsystem sowie Institutionen der Sozialfürsorge, deren Vertreter*innen unter Umständen auch teilnehmen (Polizei, Richter*in, Anwält*in, Bewährungshilfe sowie z. B. Vertreter*innen von Suchtberatung, Frauenberatungsstelle, Beratungsstelle für Geflüchtete etc.). Wie üblich in Restorative-Justice-Verfahren wird besprochen, was passiert ist, wie es dazu kam, was die Auswirkungen sind und was nötig ist, um es wiedergutzumachen und künftig zu verhindern. Die Entscheidung über die Sanktion für die tatverantwortliche Person wird im Konsens getroffen. Darüber hinaus können Verpflichtungen und Aufgaben für andere Teilnehmer*innen verabredet werden.

Wenn der Plan scheitert, wird in der Regel ein neuer Kreis einberufen. Bei allen RJ-Verfahren liegt das Problem oft auf der Beziehungsebene: Solange die Verbindungen nicht geknüpft sind, sind die Lösungen nicht nachhaltig. Die Phase des Beziehungsaufbaus braucht oft viel Zeit, es lohnt sich aber, sie zu investieren, da die Lösungen, die daraus entstehen, auf solideren Beinen stehen.

Restorative Circles nach Dominik Barter (RC)[42]

Die Restorative Circles fallen ein wenig aus dem Rahmen. Sie beziehen sich nicht auf indigene Verfahren, sondern wurden in den neunziger Jahren des 20. Jahrhunderts von den Bewohner*innen der Armenviertel von Rio de Janeiro in Zusammenarbeit mit dem englischen Trainer für Gewaltfreie Kommunikation, Dominik Barter, entwickelt. Die Slums von Rio sind von einer extrem hohen Gewaltrate geprägt. Der Rechtsstaat ist abwesend, die Drogenmafia hat das Sagen und die Polizei kommt wenn, dann nur ab und an überfallartig vorbei, um «aufzuräumen». Fast alle Familien haben sowohl tote als auch inhaftierte

42 Nach eigenen Aufzeichnungen von Seminaren bei Gabriele Grunt, Wien, und Hanna Hartenberg, Düsseldorf. Weitere Informationen unter www.restorativecircles.org und www.restorativecircles.de

Angehörige. An Konfliktlösung mit Hilfe der staatlichen Justiz ist nicht zu denken, so wie er ist, kann der Zustand aber auch nicht bleiben. Der Leidensdruck ist enorm hoch.

Nach Angaben von Dominik Barter bestand ein Großteil der Entwicklung der RC darin, mit den Leuten vor Ort «abzuhängen» und Vertrauen aufzubauen sowie gemeinsam Perspektiven zu entwickeln. Die RC folgen einem äußerst reduzierten und dabei sehr präzisen Plan, der hauptsächlich aus einigen, genau definierten Fragen besteht. Wie auch bei den indigenen Talking Circles gibt es eine Person, die «den Kreis hält» und «Host» (Gastgeber*in) genannt wird.

Ohne Rahmen kein Kreis: das «restorative System»

Um das Verfahren anwenden zu können, ist es notwendig, dass alle Beteiligten darum wissen und sich auf die zugrundeliegende Haltung einlassen können und wollen. Das bedeutet, grob gesagt, zunächst einmal Community Building. Die Stärkung der Gemeinschaft, eine gemeinsame Zukunft sowie der Wille, mit den anderen in Verbindung zu gehen, sich für sie zu interessieren und nicht einfach nur «Recht zu haben und Recht zu bekommen», sind Voraussetzung. Der Konflikt wird als Chance, etwas zu lernen und sich zu entwickeln, willkommen geheißen, denn jeder Konflikt hat eine Nachricht für die Beteiligten. Es gibt ein Bewusstsein dafür, dass Konflikte, die unterdrückt werden, nur «ihre Lautstärke erhöhen, bis sie Gehör finden», wie Barter sagt. Das bedeutet in der Regel Eskalation.

Zu den Grundlagen eines restorativen Systems gehört:

- Das Bewusstsein über den Prozess und die Kenntnis seines Ablaufs.
- Die Zustimmung dazu, dass dies die Art ist, wie hier Konflikte gelöst werden (also die Zuständigkeit des Verfahrens).
- Ein Ort, der explizit dazu dient und entsprechend ausgestattet ist. Es ist dies der Ort, den die Gemeinschaft den Konflikten widmet.
- Das Bewusstsein über die Präzision der Unterscheidungen: die Fragen und der Ablauf sind exakt definiert.
- Die Entscheidung, sich auf das Gegenüber einzulassen, mit dem Herzen zu sprechen und zu hören und engagiert für sich, die Gemeinschaft, den Konflikt und seine Lösung einzustehen.

Ablauf
Das Verfahren ist in drei Phasen gegliedert. Vorphase, Kreis und Nachsorge (auch Pre-Circle, Circle und Post-Circle genannt).

Vorphase

1. In der ersten Phase wendet sich jemand mit einem Konflikt an eine Person, die als Host tätig werden kann. Diese Person wird Initiator*in genannt und kann sowohl Betroffene, Tatverantwortliche oder jemand anderes, der*die Kenntnis von dem Konflikt hat, sein.
2. Der*die Host stellt folgende Frage: «Was wurde gesagt oder getan, das du in einem Restorative Circle vorbringen möchtest?» Genannt werden soll *eine* Handlung, ohne weitere Erklärungen, Kontext oder Geschichte. Zum Beispiel: «Lisa hat Ali ins Gesicht geschlagen.» Im Anschluss fragt die Gastgeber*in, wie es der Initiatorin mit dieser Handlung geht und welche Bedeutung die Handlung für sie hat.
3. Um herauszufinden, wer alles in den Kreis eingeladen werden muss, stellt die Gastgeber*in folgende Frage: «Wer *muss* zur Lösung dieser Angelegenheit anwesend sein?» (Nicht: wen hättest du gerne dabei, wer ist betroffen, wen könnte es interessieren oder anderes.) Die Frage ist, was *braucht* der Konflikt, um gelöst werden zu können. Barter nennt dies die *Konfliktgemeinschaft*. Sie ist nicht vordefiniert durch Beziehungen, sondern entsteht durch den Konflikt. Alle Personen, die von der Initiator*in nun genannt werden, werden im Anschluss von der Gastgeber*In kontaktiert. Den Abschluss dieses ersten Vorgesprächs bildet die Aufklärung über den weiteren Ablauf sowie die finale Frage: «Möchtest du weitermachen?»
4. Die Gastgeber*in kontaktiert nun alle von der Initiator*in genannten Personen und stellt ihnen die gleichen drei Fragen in leichter Abwandlung: «Du wurdest von X in einen Kreis eingeladen: Was wurde gesagt oder getan, das dich in diesen Kreis bringt?» Die Angaben der Initiator*in werden nicht genannt, meistens wissen die Leute, worum es sich handeln wird und nennen Ähnliches. Nur wenn sie an eine ganz andere Handlung denken, die nicht mit der erstgenannten in Verbindung steht, gibt die Gastgeber*in einen Hinweis. Wichtig sei es, so Barter, dass die Leute irgendeine «Eingangstür» zum gleichen Konflikt nehmen, welche,

ist nicht so wichtig. Man kann es sich auch wie einen Film vorstellen, der aus vielen einzelnen Frames besteht. Je nach dem, zu welchem Moment man den Film anhält, sieht man einen anderen Frame, aber es ist der gleiche Film.

In der Regel werden den Teilnehmer*innen eines restorativen Kreises keine Rollen oder Titel (wie etwa Täter*in, Opfer etc.) zugewiesen, auch Funktionen und Positionen aus dem Alltagsleben (Beruf, Verwandtschaftsgrad etc.) haben in einem Circle keine Bedeutung: Alle werden einfach nur mit ihrem Vornamen angesprochen.

Schließlich wird jede*r, der*die genannt wurde, ebenfalls gefragt, wer für die Lösung des Konfliktes anwesend sein muss – und alle Genannten werden kontaktiert. Während der Vorgespräche werden auch der Ablauf, die Vorbedingungen und die Regeln eines restorativen Kreisprozesses geklärt.

Abschließend kommt immer die letzte Frage: «Möchtest du weitermachen?» Hier kommt zum Tragen, wie gut das Feld des restorativen Systems bestellt wurde. Je besser die Leute es verinnerlicht haben, desto ehrlicher werden sie sich die Frage stellen, wer wirklich dabei sein *muss,* damit der Konflikt besprochen und gelöst werden kann, und ob sie sich selbst als Teilnehmer*innen des einberufenen Kreises sehen. Man braucht also nicht zu befürchten, dass der Kreis unendlich groß wird. Bei Teilnehmer*innen, die sich nicht auskennen, ist eine genaue Aufklärung in den Vorgesprächen unerlässlich.

Während dieser Vorphase wird den Konfliktparteien oft bewusst, wie viele andere Menschen durch ihren Konflikt betroffen sind, und häufig motiviert das zu ersten, selbstständigen Lösungsversuchen. «Das Ziel ist nicht der Kreis, sondern dem Konflikt zur Entfaltung zu verhelfen», wie Dominik Barter betont.

5. Zuletzt hat auch die Gastgeber*in ein Vorgespräch mit einer Kolleg*in, um festzustellen, ob sie die richtige Person ist und den Kreisprozess halten kann. Die Fragen an die Gastgeber*in sind:
   - «Hast Du Vorstellungen oder Urteile über dich, den Prozess oder die anderen Teilnehmer*innen, die deine Fähigkeit beeinträchtigen, die Menschlichkeit aller Beteiligten zu sehen? Welche sind das, und welche Gefühle und Bedürfnisse liegen dahinter?»

- «Wenn du die weiteren Schritte durchdenkst, gibt es etwas, wobei du Unterstützung möchtest? Weißt du, wie du diese Unterstützung bekommen kannst?»

Und schließlich:

- «Möchtest du weitermachen?»

6. Sollte weiterhin ein Kreisgespräch gebraucht werden, endet die Vorphase mit der Vereinbarung eines Termins. Im Übrigen kann niemand das Stattfinden eines Kreises oder die Teilnahme einer Person an einem Kreis verhindern. Wenn jemand nicht teilnehmen will, fragt man sie, was sie brauchen würden, um mitmachen zu können, und schaut, ob es möglich ist, geeignete Maßnahmen zu ergreifen. Auch kann man darauf hinweisen, dass der Kreis eine Chance ist, gehört zu werden und die Lösung mitzubestimmen. Oft sagen manche zunächst ab, um dann in letzter Minute doch zuzusagen, da ihnen mit näher rückendem Termin klar wird, dass sich die anderen auch ohne sie besprechen werden.

Circle

Der Kreis kommt an einem dafür eingerichteten Ort zusammen. Wie immer ist es wichtig, sicherzugehen, dass der Ort für alle erreichbar, groß genug, entsprechend möbliert, ruhig und geschützt und akustisch geeignet ist.

Der Kreis selbst gliedert sich ebenfalls in drei Phasen:

1. Gehörtwerden und Verständnis
2. Verantwortungsübernahme
3. Vereinbarung

Wieder sind die Phasen durch genau definierte Fragen geprägt, die in einem Dreischritt zwischen zwei Teilnehmer*innen hin- und hergehen, bis jemand anderes dran ist. Wer beginnt, entscheidet die Gastgeber*in oder es ergibt sich aus den Teilnehmenden. Die Phasen gehen nahtlos ineinander über. Aufgabe der Gastgeber*in ist es, anhand der Dynamik des Gespräches festzustellen, wann die Gruppe dabei ist, in die nächste Phase zu wechseln.

Fragen in Phase 1: Gehörtwerden und Verständnis

An Person A: Wie geht es dir *jetzt*, mit dem was damals geschehen ist und mit seinen Auswirkungen? *Von wem* möchtest du damit gehört werden?

An Person B: Was ist bei dir angekommen?

An Person A: Ist es das, was du gehört haben wolltest? Worin möchtest du noch gehört werden?

Der Dreischritt wird so lange wiederholt, bis die Antwort auf die letzte Frage «Ja» und «Das war alles» lautet. Als nächstes ist vielleicht Person B dran, vielleicht aber auch jemand anderes.

Es kann vorkommen, dass Person B gar nicht in der Lage ist, zuzuhören und, anstatt zu antworten, erst einmal anfängt, eigenes zu erzählen. Sie wird nicht unterbrochen, sondern an Person A rückgefragt, ob es das war, was sie hören wollte, worauf die Antwort vermutlich «Nein» ist. Auch hier zeigt sich, dass es wichtig ist, dass die Teilnehmenden den Prozess verstehen und vorbereitet sind, da sie ansonsten den Sinn des Dreischritts und der Fragen nicht verstehen und sich nicht um eine Beantwortung bemühen.

Anzeichen für einen Übergang in Phase 2 sind Statements, in denen Menschen Schuld eingestehen, Teilverantwortung übernehmen oder sich entschuldigen. Dann ist es Zeit, für die nächsten Fragen.

Fragen in Phase 2: Verantwortungsübernahme
An Person A: Was war der Grund oder deine Absicht, als du so gehandelt hast? Was möchtest du, dass wer darüber hört?
An Person B: Was ist bei dir angekommen?
An Person A: Ist es das, was du wolltest, dass es Person B hört?
Anzeichen für eine Übergang in Phase 3 sind beginnende Lösungsvorschläge.

Fragen in Phase 3 – Vereinbarung – sind:
Was möchtest du, dass als nächstes geschieht?
Was möchtest du anbieten?
Worum möchtest du bitten?

Es ist, wie immer, wichtig, dass die Vereinbarungen konkret, machbar, zeitlich definiert und auf bestimmte Personen bezogen sind und im Konsens entschieden werden.

Nachsorge

Zum Abschluss des Kreises wird ein Nachsorgetermin vereinbart, an dem alle noch einmal zusammenkommen, um zu prüfen, wie die Vereinbarungen funktionieren. Die Frage, die hier gestellt wird, lautet: «Wie geht es dir mit den Vereinbarungen und den Konsequenzen, die sich daraus entwickelt haben, und von wem möchtest du damit gehört werden?»

Wenn der Lösungsplan für alle gut funktioniert, kann dies ein Moment des Feierns sein. Wenn es noch unerfüllte Bedürfnisse gibt, werden die Hintergründe erkundet, um daraus einen neuen Plan zu entwickeln bzw. den bestehenden Plan entsprechend anzupassen.

Stellvertreter*innen

Wenn jemand nicht teilnehmen kann oder will, ist es möglich, eine(n) Stellvertreter*in einzuladen. Dabei ist es nicht notwendig, dass die Stellvertreter*in die Person kennt, die sie vertritt, es ist aber hilfreich, wenn sie ein wenig Erfahrung mit Restorative Circles hat. Auch soll sie nicht so tun, als sei sie die vertretene Person, oder schauspielern, sondern lediglich die Position der Person vertreten. Sie kann durch Einfühlung mögliche Handlungsmotive nennen, Rückmeldung geben, wie es sich anfühlt, in der Rolle zu sein, und durch ihre Anwesenheit dafür sorgen, dass die vertretene Person nicht vergessen oder übergangen wird. Sie beteiligt sich jedoch nicht an Lösungsvereinbarungen.

Host/Gastgeber*in

Die Hauptaufgabe einer Gastgeber*in ist es, anwesend zu sein und den Raum für alle zu halten. Das passiert durch bewusste nonverbale Kommunikation. Das, was in einem Host lebendig ist, wird sich auf den Raum auswirken. Es ist daher wichtig, dass er*sie mit sich im Reinen ist.

Die Haltung ist eine der Demut: der Gastgeber*in ist nur *Gast* im Konflikt der anderen. Die Werkzeuge, die ihr für ihr Hosting zur Verfügung stehen, sind die *Fragen* und das Halten von *Stille*. Stille verlangsamt die Dynamik und kann den Teilnehmer*innen helfen, sich zu sammeln, die Bedeutung des Gesagten zu verarbeiten, Gefühle zuzulassen und den eigenen nächsten Schritt in sich reifen zu lassen.

Um einen Kreis zu hosten, sollte man selbst Erfahrung als Teilnehmer*in von restorativen Kreisen mitbringen, entsprechende Fortbildungen besuchen, sich mit anderen Circle-Hosts vernetzen und bereit sein, sich an der weltweiten Bewegung der Restorative Circles zu beteiligen. Das Verfahren der Restorative Circles begreift sich nicht als starres Modell, sondern als gemeinsamer Lernprozess, der sich durch die Beteiligung aller weiterentwickeln kann.

Gemeinschaftskreise

Im Rahmen eines europäischen Forschungsprojekts zum Thema restorative Praktiken in interkulturellen Settings namens ALTERNATIVE[43] entwickelten die RJ-Praktikerin Gabriele Grunt zusammen mit den Sozialforscherinnen Christa Pelika und Katrin Kremmel das Konzept der Gemeinschaftskreise in Wien. Diese beruhen auf dem Verfahren der Restorative Circles nach Barter und wurden in der Praxis mit den Bewohner*innen zweier Wiener Gemeindebauten und der zuständigen städtischen Verwaltungseinrichtung «Wohnpartner» an deren Kontext und Bedürfnisse angepasst.

Das Modell legt großen Augenmerk auf die Einrichtung und Entwicklung dessen, was Barter das «restorative System» nennt, da es für alle Beteiligten vor Ort neu war. Das Ziel bei der Einrichtung von einem System mit Gemeinschaftskreisen ist «ein gemeinschaftlicher Lernprozess, in dem die Mitglieder der Gemeinschaft sich der gegenseitigen Verbindungen und Beziehungen bewusst werden, ihre eigene Rolle und Stimme in der Gemeinschaft als wichtig und erwünscht erleben und einen Rahmen für die Konflikte kennenlernen und gemeinsam ausbauen, in dem sie selbstständig auch ihre schwierigen Konflikte austragen können.» (S. 8) Das bedeutet, dass sie wissen müssen, wie der Prozess abläuft, während sie ihn gleichzeitig mitgestalten (Transparenz und Partizipation als zentrale Werte). Das stellt die auch Begleiter*innen genannten Vermittler*innen vor eine scheinbar paradoxe Aufgabe: Einerseits, Regeln und Abläufe vermitteln und *vorgeben* und andererseits Verantwortung für den Ablauf und das Setzen der Regeln *abgeben*. Das bedeutet, dass es anfangs zu einem Prozess des Einübens und Erlernens kommt, bei dem nach und nach Dinge, die nicht passen, erkannt, benannt und abgeändert werden. Wenn zu starr vorgegeben wird, verliert man das Engagement der Beteiligten: Sie nehmen den Prozess dann nicht mehr als den ihren wahr und übernehmen weniger Verantwortung für das Gelingen.

43 «Alternative Understandings of security and justice through restorative justice approaches in intercultural settings within democratic societies», Handbuch auf deutsch downloadbar unter www.alternativeproject.eu

«Insgesamt geht es also darum, eine gute Balance zu finden zwischen einem offen und partizipativ gestaltetet Prozess, der Raum schafft für die Berücksichtigung der besonderen Situation und der Bedürfnisse der Teilnehmer*innen einerseits und einem klar strukturierten Ablauf mit durchsichtigen, gut verstandenen und akzeptierten Regeln andererseits.» (ebd. S. 9)

Das fordert von der Begleiter*in erstens eine genaue Kenntnis der Restorative Circles und der dahinterstehenden Überlegungen und Haltungen und zweitens große Flexibilität und gutes Beobachten.[44] Vorbereitung hat einen sehr großen Anteil an der Arbeit im Rahmen eines Gemeinschaftskreises. Ist das «System» jedoch einmal eingerichtet, hat es den Vorteil, dass die Menschen die Kreise im Laufe der Zeit immer besser selbstorganisiert durchführen können. Im Prinzip sind die Gemeinschaftskreise der Versuch, Restaurative Circles nachhaltig an einem Ort in Europa zu implementieren.

44 Mehr dazu siehe Gemeinschaftskreise Handbuch sowie Seminarunterlagen von Gabriele Grunt.

Kapitel 4
Abgrenzungen

«Der Konflikt ist die Basis der freien und offenen Gesellschaft.»
Saul Alinsky

«Restorative Justice heißt, die Nachricht zu hören, die ein Konflikt für uns hat.»
Dominic Barter

Restorative Practices

In den letzten Jahren ist «restorativ» ein Modewort geworden. Alles Mögliche ist auf einmal restorativ: Unterrichtsmethoden, Stadtverwaltungen und selbst Gefängnisse. Die Begriffsverwässerung ist bereits geschehen und schreitet unaufhaltsam fort. Das ist einerseits problematisch, weil Etikettenschwindel und Umwidmung von finanziellen Ressourcen Schaden anrichten und Glaubwürdigkeit verloren geht. Andererseits drückt sich für mich darin ein starkes Sehnen nach einer weiteren Verbreitung der Werte und Prinzipien von Restorative Justice aus, weil sie gut tun. Das ist ja auch kein Wunder: Respekt, Gehörtwerden, Bedürfnisorientierung, Verbindung fühlen etc. sind Balsam für die Seele, zumal in einer Welt, in der es so wenig davon gibt.

Gleichzeitig gibt es auch bei RJ-Praktiker*innen den Wunsch, sich aus dem Korsett der «Justiz» zu befreien und ihre Kenntnisse auch in anderen Kontexten anzuwenden. So entstand als Abgrenzung zu Restorative Justice der Begriff der Restorative Practices, der restorativen Praktiken (RP). Schmerzhafte Begebenheiten und Menschen, die sich wünschen, gehört zu werden, gibt es schließlich überall. Und wäre es nicht sinnvoll, einen anderen Umgang zu lernen, damit es gar nicht erst zu schmerzhaften Konflikten kommt? Und wenn doch, um dann anders damit umgehen zu können?

Wie bereits im Abschnitt über die Circles beschrieben, gibt es allerhand Kreise, die nicht primär der Bewältigung eines Konfliktes dienen, sondern der Heilung, Reflexion oder Unterstützung. Das *International Institute for Restorative Practices* (IIRP), eine US-amerikanische Privatuniversität, die der mennonitischen Kirche nahesteht, hat mittlerweile Ableger auf mehreren Kontinenten und ist seit 1999 in Forschung, Entwicklung und Verbreitung von Restorative Practices engagiert. Sie gibt die «Little Books of Justice and Peacebuilding»-Reihe heraus und veranstaltet jährliche Kongresse. In ihrer Definition von RP betont sie den Aspekt der «Verbindung» als Schlüsseldeterminante einer restorativen Praktik. «Restorative Practices ist eine aufkommende Sozialwissenschaft, die untersucht, wie Verbindungen zwischen Individuen und soziale Beziehungen innerhalb von Gemeinschaften gestärkt werden können.» Denn «Als Menschen sehnen wir uns nach Verbindung. Menschen brauchen neben Nahrung, Unterkunft und Kleidung auch starke und sinnhafte Beziehungen, um sich entfalten zu können».[45]

Proaktive Kreise

Typiscrestorative Praktiken sind z.B. die «Proaktiven Kreise», also Kreisgespräche, in denen Menschen einen Raum bekommen, um über das zu sprechen, was ihnen gerade auf dem Herzen liegt, oder um eine Frage an die Gruppe zu stellen, ohne dass bereits ein Konflikt im Raum steht. Wie im Kapitel «Methoden» beschrieben, hat ein Kreisgespräch keinen normalen Plenums- oder Meetingcharakter. Es gibt eine Redestab, besondere Regeln und die Aufforderung, von Herzen zu sprechen und zuzuhören.

Regeln für einen proaktiven Kreis nach dem niederländischen RP-Pionier Bernhard Holtrop[46]:

1. Alle sind aus freien Stücken anwesend; es gibt keine Zuschauer:innen, nur Teilnehmer:innen.
2. Wir arbeiten in einem offenen Kreis, ohne Tisch in der Mitte.
3. Ein:e Moderator:in eröffnet und erklärt die Prinzipien, «hält den Raum», gibt den Ton an und überwacht freundlich, aber bestimmt, dass alle die Dialogprinzipien respektieren.
4. Unterstelle gute Absichten und übernimm die Verantwortung für negative Auswirkungen.

---

45 Mission Statement des IIRP auf seiner Homepage www.iirp.edu.

46 Siehe Berhard Holtrop: Moderation eines Dialogprogramms…, TOA-Magazin 1/21, DBH-Verband, Köln 2021, S.11.

5. Sprich freiwillig. Nur wer den Stock hält, ist eingeladen zu sprechen. Aussetzen ist okay. Sprich «aus dem Ich», aus deinen eigenen Erfahrungen.
6. Höre den Worten der sprechenden Person und dem, was sie in dir bewirken, mit voller Aufmerksamkeit zu.
7. Die Zeit gehört allen gleichermaßen (Raum nehmen, Raum schaffen). Niemand redet ein zweites Mal, bevor nicht alle gesprochen haben.
8. Vertraulichkeit: Was gesagt wird, bleibt im Kreis.
9. Es gibt keine im voraus festgelegten Ziele; lass dich von der Magie des Kreises überraschen.

COSA

Die bereits erwähnten *COSA – Circle of Support and Accountability* wurden 1994 vom Zentralkomitee der Mennonit*innen Kanadas entwickelt, um einen Weg zu finden, haftentlassene Sexualstraftäter*innen mit hohem Rückfallrisiko eng zu begleiten und in die Gesellschaft zu reintegrieren. Ihr Anliegen ist «das Risiko zu reduzieren, dass weitere Gemeinschaftsmitglieder Opfer sexualisierter Gewalt werden, indem wir den Haftentlassenen dabei begleiten und unterstützen, wieder Teil der Community zu werden und ein verantwortungsvolles und produktives Leben zu führen».[47] Das Motto ist: «Keine weiteren Opfer, niemand ist entbehrlich,» fasst Clare Ann Ruth-Heffelbower, eine Pastorin in Kalifornien, zusammen.

COSA verpflichten sich auf folgende Prinzipien und Werte:

- Die Verantwortung der Gemeinschaft, sowohl den Opfern Sicherheit zu bieten und ihre Heilung zu unterstützen als auch eine sichere Reintegration von Sexualstraftäter*innen in die Gemeinschaft zu gewährleisten.
- Die Anerkennung des fortlaufenden Schmerzes auf Seiten der Betroffenen und deren fortdauerndes Heilungsbedürfnis.
- Die verantwortliche, sichere, gesunde und lebensspendende Herstellung von Gemeinschaft mit ehemaligen Täter*innen.
- Die Annahme der Herausforderung radikaler Gastfreundschaft durch gemeinsames Leben in einer Gemeinschaft und die Bereitschaft, das Risiko der Liebe einzugehen (der christliche Hintergrund ist zuweilen spürbar – Anm. RM).

Eine Gruppe von etwa sieben Freiwilligen trifft sich einmal die Woche mit ihrem «Kernmitglied», der haftentlassenen Person,

47 Little Book of Restorative Justice for Sexual Abuse, S. 49.

in Notfällen sogar täglich. Durch die starke Eingebundenheit in die Gemeinschaft erhöht sich die Motivation der haftentlassenen Person, sich sozial zu verhalten. In Krisenzeiten bekommt die Gemeinschaft eine Veränderung der Lage schnell mit, auch dadurch, dass sie die Person besser kennengelernt hat und ihr Vertrauen besitzt. Sie kann prompt reagieren und wenn nötig enge Begleitung und Desistance[48]-Unterstützung organisieren. Laut einer Studie ist die Rückfallquote von COSA-begleiteten haftentlassenen Sexualstraftäter*innen siebzig Prozent geringer als bei unbegleiteten. [49]

Restorative Schulen, Restorative Städte

Restorative Unterrichtsmethoden (d.h. meist Circles und Verantwortungsübernahmeprozesse) haben in England, zunächst in der Stadt Hull, später in weiteren Städten zur Bewegung der *Restorative Schools* geführt. Dr. Mariam Liebmann beschreibt dies im TOA-Magazin 3/2018 folgendermaßen: «Im Jahr 2002 war für die Grundschule Collingwood in Hull der Bedarf von ‹besonderen Maßnahmen› festgestellt worden (d.h. an der Schule lief es so schlecht, dass spezielle Hilfen notwendig wurden). Innerhalb von 24 Monaten gelang es einer neuen Lehrerin namens Estelle Macdonald mithilfe von restorativen Verfahren die Schule so zu verändern, dass sie als ‹ausgezeichnet› eingestuft wurde. Die Ausschlüsse vom Unterricht reduzierten sich um 98 Prozent, es wurden 75 Prozent weniger rassistische Vorfälle gemeldet und die Pünktlichkeit der SchülerInnen verbesserte sich um 87 Prozent. Macdonald wurde gebeten, ihre Herangehensweise systematisch darzulegen und für Weiterbildungen aufzubereiten. Der Direktor des Jugendamtes, Nigel Richardson, war seinerseits so beeindruckt, dass er die Verfahren an alle Fachkräfte, die mit Kindern arbeiten, vermitteln und Hull zur ‹Restorativen Stadt› machen wollte. Das führte zur Gründung des ‹Hull Centre for Restorative Practices›, das

48 Desistance: Das Unterlassen von Handlungen, im kriminologischen Kontext: das Aufgeben eines kriminellen Lebensstils.

49 Mehr Informationen zu COSA siehe Judah Oudshoorn, Michelle Jackett und Lorraine Stutzman Amstutz: Little Book of Restorative Justice for Sexual Abuse, Good Books, New York 2015, S. 49ff; und Judah Oudshoorn, Michelle Jackett und Lorraine Stutzman Amstutz: Umgang mit Sexualstraftäter*innen im Kontext von Restorative Justice, in: TOA-Magazin 1/2019, S. 8.

zwischen 2005 und 2012 Fortbildungen in Conferencing mit Schulen, Jugendzentren, Kinderheimen, Pflegefamilien, Familienzentren, Jugendherbergen, Krankenhäusern sowie bei Angehörigen der Polizei, der Bewährungshilfe, der Jugendhilfe und bei Gefängnismitarbeiter*innen durchführte.» Die Idee ist, eine Stadtgesellschaft zu begründen, die sich einem Ideal der Gerechtigkeit verschreibt, das von den Menschen als Fairness, Solidarität und Zusammenhalt erlebt wird.

Um eine Stadt auf den Weg der «Restorativität» zu bringen, sind Ansätze auf verschiedenen Ebenen nötig. Das European Forum hat fünf Aspekte definiert:

- Verantwortungsverteilung: Es ist notwendig, so breit wie möglich für Bewusstsein und Unterstützung zu sorgen und alle Teile einer Gemeinschaft in die Vorbereitung einzubinden.
- Restaurative Justice in das weitere System einbinden: Der wichtigste Wert ist die Menschenwürde, daher muss jede amtliche und offizielle Handlung in einer restorativen Stadt die Menschenrechte respektieren und Diskriminierung so weit als möglich unterbinden. Die Beziehungen zu den Strafverfolgungsbehörden verdienen ein besonderes Augenmerk.
- Restorative Justice bekannter machen: Da RJ immer noch weitgehend unbekannt ist, müssen verschiedene Maßnahmen der Öffentlichkeitsarbeit geschaffen werden, um in den unterschiedlichen Kontexten auf RJ hinzuweisen und darüber aufzuklären, was RJ ist und was nicht (an Schulen, in Vereinen, Gefängnissen, Nachbarschaften etc.). Wenn Menschen den Sinn und die Relevanz von Restorative Justice verstehen, sind sie eher geneigt, sich einzubringen.
- Praktiker*innen von RJ-Verfahren ausbilden.
- Auf ausgeschlossene Menschen zugehen: Da eine restorative Gemeinschaft sich um all ihre Mitglieder sorgt und um diejenigen, die gemeinhin vernachlässigt, ignoriert, marginalisiert oder misshandelt werden besonders, ist eine breite und aktive Präsenz von Nöten, um sie zu erreichen.
- Risiken und Schwierigkeiten identifizieren: Die größte Herausforderung ist vielleicht, dass der Prozess Zeit braucht und eine Veränderung nicht sofort sichtbar ist. Um sich nicht entmutigen zu lassen, ist eine regelmäßige Veröffentlichung des Standes des Erreichten wichtig. Kommunikation darüber ist

besonders im sozialen Nahbereich der Menschen dringend notwendig. Dabei muss klargestellt werden, was der Sinn einer restorativen Stadt ist, und dass es nicht darum geht, den Sozialstaat oder die Strafjustiz zu ersetzen.

16 Prinzipien für den Aufbau einer nachhaltigen Gemeinschaft

nach «Four Worlds International» und Chief Phil Lane[50]

Innen anfangen

1. Wir können uns selbst und die Gemeinschaft, in der wir leben, transformieren.
2. Veränderung kommt von innen: aus dem Inneren einer Person, Gemeinschaft oder Gesellschaft.
3. Ohne Vision keine Entwicklung.
4. Heilung ist ein notwendiger Bestandteil von Entwicklung.

Im Kreis arbeiten

5. Verbundenheit: Jeder Aspekt unserer Heilung und unserer Entwicklung ist mit allen anderen verbunden.
6. Ohne Einheit keine Entwicklung.
7. Ohne Partizipation keine Entwicklung.
8. Fairness und Gerechtigkeit sind Grundvoraussetzungen.

Heiligkeit

9. Wir sind sowohl körperliche als auch spirituelle Wesen. Wenn wir als menschliche Gemeinschaft ganz und nachhaltig werden wollen, müssen wir unser Leben in Einklang mit den Bedingungen unserer spirituellen Natur bringen.
10. Mit einer Moral und ethischen Werten arbeiten, die auf der Weisheit des Herzens beruhen.
11. Alles ist verbunden: Das Leiden von einem Menschen ist das Leiden von allen. Die Ehre von einem Menschen ist die Ehre von allen.
12. Authentisches Lernen ist kulturgebunden. Wir entwickeln uns und unsere Gemeinschaft. Wir heilen und entwickeln uns, unsere Beziehungen und unsere Welt.
13. Lernen ist der Kern von Heilung und Entwicklung.
14. Nachhaltigkeit: Etwas zu erhalten, bedeutet, dafür zu sorgen, dass es noch lange weiterexistieren wird.
15. Gehe in Richtung des Positiven.
16. Sei selbst der Wandel, den du dir wünscht.

---

50 Siehe Berhard Holtrop in TOA-Magazin 1–21, S.10.

Die Kernpunkte sind immer wieder dieselben: Verfahren organisieren, bei denen alle gehört werden, alle respektiert werden, niemand stigmatisiert oder fallengelassen wird, Schmerz und Unrecht anerkannt werden, Bedürfnisse erfüllt und Verbindung aufgebaut wird, so dass Gemeinschaft entstehen kann. Das sind im Prinzip die Kernelemente eines sogenannten «Engelskreises» (als Gegensatz zum «Teufelskreis»), also einer sich selbst verstärkenden positiven Dynamik, in der Menschen Lust bekommen, zu kooperieren, miteinander solidarisch zu sein und zum Wohlergehen der anderen beizutragen, sich aber auch trauen, Heikles anzusprechen, für ihre Anliegen einzustehen oder Fehler einzugestehen und Verantwortung zu übernehmen.

So faszinierend das ist, zeigt sich aber leider auch die Tendenz, restorative Praktiken in den Dienst der Durchsetzung von herrschenden Normen zu stellen. Man kann sich zu recht die Frage stellen, ob es für die Restorativ-City-Leute akzeptabel gewesen wäre, wenn die Kids in der oben genannten Schule gesagt hätten, dass sie nicht am Unterricht teilnehmen möchten. Oder inwiefern die Polizei, angesichts ihrer Durchseuchung mit rechtsextremer Ideologie, ihrer strukturellen Position im Staatsgefüge und der vielen Skandale der letzten Jahre, mit Schulungen in restorativen Praktiken angemessen verändert werden kann. An strukturellen Problemen wird hier nicht gerüttelt und das bleibt ein nicht wegzudiskutierender Kritikpunkt.

Haarig wird es, wenn Verfahren eigentlich eher erzieherischen Zielen dienen, aber unterm Deckmantel des «Restorativen» daherkommen. Das gilt etwa für sogenannte *Opfer-Empathie-Trainings* mit Inhaftierten, bei denen Menschen, die im Gefängnis sitzen, an Sitzungen teilnehmen, in denen sie üben sollen, sich in Verbrechensopfer einzufühlen. Es ist nicht ganz klar, wo hier Verbindung, Bedürfnisorientierung oder Gemeinschaftsbildung passiert, vielmehr handelt es sich um ein Programm der Psychoedukation. Auch o.k., aber in meinen Augen keine Restorative Practice. Ähnlich verhält es sich mit *Opfer-Inhaftierten-Begegnungen*, bei denen inhaftierte Menschen sich eine Zeitlang in einer Gruppe mit Betroffenen ähnlicher Straftaten treffen – aber explizit nicht mit «ihren» Opfern. Zwar gibt es dabei einen heilenden oder aufklärerischen Effekt, weil Betroffene erfahren, was in jemandem vorgehen mag, der*die etwas Ähnliches wie das, was ihnen widerfahren ist, getan hat, und Tatverantwortliche erfahren, wie es Betroffenen geht. Allerdings fehlt mir auch hier wirkliche Restorativität. Es bleibt ein erzieherischer Beigeschmack.

In letzter Zeit werden obendrein Sanktionen, die früher einfach «Sozialstunden» hießen und eine Strafe im Jugendrecht waren, als «restorative Maßnahme» verkauft, einfach nur, weil ja theoretisch die Sozialstunden eine Art Wiedergutmachung an der Gesellschaft sind.

Bei der Verwendung des Wortes «restorativ» ist also inzwischen genaues Hinsehen und Nachfragen geboten. Im Kapitel «Gefahren für Restorative Justice» werde ich darauf weiter eingehen.

Transformative Community Conferencing[51]

Dass es nötig ist, sich mit der gesellschaftlichen, strukturellen Ebene zu befassen, die den Kontext von schmerzhaften Handlungen bildet, ist vielen Praktiker*innen restorativer Verfahren bewusst. Der US-amerikanische Sozialwissenschaftler und restorative Praktiker David Anderson Hooker schlägt daher ein Verfahren vor, das er Transformative Community Conferencing nennt. Im Zentrum steht dabei das Erkennen und Benennen der Narrative, die in einer Community bestehen und dort bestehende Ungleichheiten und historische Unterdrückungsverhältnisse stützen und fortschreiben, um anschließend anhand der Visionen, die die Gemeinschaft für ihr zukünftiges Zusammenleben hat, neue Narrative zu entwickeln, die diese Vision stärken und die Ausrichtung der Handlungen verändern. TCC ist ein langwieriger, begleiteter und moderierter Erkenntnis- und Umsetzungsprozess, der besonders dort gut eingesetzt werden kann, wo Menschen gezwungenermaßen oder freiwillig in einer einigermaßen beständigen Gemeinschaft leben und daher für einen solchen Prozess motiviert werden können. Mir scheint eine Kombination aus Restorative Justice im Kontext akuter Konflikte und Transformative Community Conferencing, um langfristig die dahinterliegenden Machtstrukturen zu demontieren, eine interessante Roadmap für straf-abolitionistische Veränderung auf Mikro- und Meso-Ebene. Dazu kommen dann Reformen und das politische Ringen um das Schicksal staatli-

51 David Anderson Hooker: The Little Book of Transformative Community Conferencing, Good Books, New York 2016.

cher und ökonomischer Institutionen und Strukturen. Und auch dabei kann es bisweilen restorativ zugehen, wie der nächste Abschnitt zeigt.

Transitional Justice[52]

Wenn man Skeptiker*innen von RJ glaubt, dann dürfte es Transitional Justice gar nicht geben. Auf Deutsch oft mit «Übergangsjustiz» übersetzt, handelt es sich dabei quasi um restorative Verfahren in ganz großem Stil und in Kontexten, wo man an so etwas wie Gerechtigkeit oder Heilung gar nicht mehr denken mag: Genozid, Bürgerkrieg, Unrechtsregime etc. Transitional Justice versammelt unter sich Verfahren der Aufarbeitung von Unrecht im Kontext des Übergangs aus einer staatlichen/gesellschaftlichen Krisensituation, einer Diktatur oder einem Unrechtsregime in eine neue, friedlichere Gesellschaftsordnung. Ziele sind das Aufdecken der Wahrheit über Verbrechen, das Identifizieren und zur Rechenschaft ziehen der Verantwortlichen, die Prävention zukünftiger Straftaten, die Wiederherstellung der Würde der Opfer und die Ermutigung zur friedlichen Koexistenz. Dabei kommen ähnliche Werte zur Anwendung: Anerkennung des Unrechts, gehört werden, Bedürfnisorientierung, Verantwortungsübernahme, Wahrheit, Wiedergutmachung, kulturelle Angemessenheit, Transformation/Veränderung für die Zukunft etc. Dazu kommen (staatliche, justizielle, gesetzliche) Reformen und organisiertes Gedenken als Teil der zu treffenden Maßnahmen für den neuen Gesellschaftsvertrag.

Nils Christie war überzeugt davon, dass restorative Verfahren um so geeigneter sind, je größer das Unrecht ist, und zwar weil das Strafrecht dabei an seine Grenzen gerät. Es kann den Opfern nichts bieten und schafft keine Basis für eine neue Gesellschaft. Vor allem aber scheint das Bestrafen von Verantwortlichen angesichts mancher Taten geradezu banal. In diesem Sinne empfand er die Einrichtung des Internationalen Strafgerichtshofs als Rückschritt, da er die Zuständigkeit der Leid zufügenden Strafjustiz zementiert, den Einsatz opferorientierter und restorativer/transformativer Verfahren in den Hintergrund

52 Mehr zu Transitional Justice siehe auch z. B. in der «Handreichung» der Plattform Zivile Konfliktbearbeitung von 2007 www.konfliktbearbeitung.net

drängt und «uns daran [hindert], die Konflikte in einer umfassenderen und politisch relevanten Weise zu sehen».[53]

Zwei der berühmtesten Beispiele von Transitional Justice sind die *Wahrheits- und Versöhnungskommissionen* in Südafrika nach Ende des Apartheidregimes sowie die *Gacaca-Prozesse* in Rwanda nach dem Genozid an den Tutsi. Bei beiden gab es nicht wirklich eine bessere Alternative. In Südafrika bestand die Gefahr eines Bürgerkriegs und in Rwanda hätten die Kapazitäten der Gerichte und Gefängnisse niemals ausgereicht, denn man hätte quasi die Hälfte der (männlichen) Bevölkerung anklagen und verurteilen müssen. Manchmal frage ich mich, was wohl passiert wäre, wenn die Alliierten in Deutschland nach dem Zweiten Weltkrieg nicht nur auf das Nürnberger Tribunal, sondern auch auf lokale RJ-Verfahren und Wahrheitskommissionen gesetzt hätten…

Das Verhältnis zwischen Wahrheit und Gerechtigkeit ist an dieser Stelle interessant zu beleuchten. Während es auch in interpersonellen Konflikten eine Rolle spielt, gilt dies noch einmal mehr für Gräueltaten auf staatlicher Ebene, da diese oft mit systematischer Vertuschung, Verleugnung oder einer Mauer des Schweigens einhergehen. Das Sprechen, Erforschen und Anerkennen der Wahrheit über das, was geschehen ist, ist jedoch elementar für die Heilung der Opfer und Grundvoraussetzung für eine neue, friedliche Koexistenz. Nicht-anerkanntes Unrecht wirkt weiter, perpetuiert Traumatisierung, verhindert Heilung und nährt Rachegelüste. Während es oft heißt: «Keine Gerechtigkeit ohne Wahrheit», steht die Strafjustiz dem jedoch oft im Weg. Wie Geoffroy de Lagasnerie in TOA-Magazin 3/2018 ausführt: «Ich bin überzeugt davon, dass die erste Reaktion auf eine Leidzufügung Wahrheit sein muss, sprich, dass die Person, die die verletzende Handlung begangen hat, sagt, was sie getan hat und warum etc. Es gibt da einen Widerspruch, über den nie gesprochen wird. In sozialen Bewegungen wird ja oft «Gerechtigkeit und Wahrheit» gefordert, und dabei wird aber vergessen, dass die Justiz der Wahrheit im Weg steht. Sie zwingt die Menschen geradezu, nicht die Wahrheit zu sagen, da jedes Wort ihre Strafe erhöhen könnte. Sie lügen also die ganze Zeit, und für die Betroffenen ist das der Horror. Aus meinen Beobachtungen kann ich sagen, dass das, was ihnen am meisten Frieden

53 Nils Christie: *Fünf Gefahren für Restorative Justice*, in: TOA-Magazin 1/2016, TOA-Servicebüro, Köln 2016 S. 9.

schenkt, die Anerkennung als Opfer ist. Die Wahrheit wirkt wesentlich heilender als die Strafe. D.h. wir brauchen Praktiken, um die Wahrheit aussprechen zu können – und dann finden wir auch die stärkeren Lösungen als die, die die Repression zu bieten hat. Die Verletzung durch Wahrheit anstatt durch Strafe zu heilen, halte ich für eine wunderschöne Utopie. Und die Wahrheit ist komplex, sie ist sozial, politisch, aber auch lokal. Sie ist weiträumig. Es gibt da eine schöne Formel von Bourdieu: Die Wahrheit einer Interaktion liegt nie in der Interaktion selbst, sondern in der sozialen Welt, die die Interaktionen strukturiert. Dazu fällt mir auch die Vorgehensweise der Luftfahrtsbehörde ein, wenn Linienpiloten Fehler machen. Sie erhalten Strafimmunität, wenn sie sich dazu verpflichten, die Wahrheit zu sagen. Die Behörde weiß, dass die Leute nicht die Wahrheit sagen werden, wenn sie eine Strafe fürchten, sondern versuchen werden, dieser mit Lügen zu entgehen. Aber um Fehler in Flugzeugen und in der Pilotenausbildung korrigieren zu können, müssen sie erfahren, was wirklich passiert ist.«

Transformative Justice / Community Accountability (TJ/CA)[54]

In Anfragen an mich kommt es öfter vor, dass RJ mit TJ in einen Topf geworfen wird. Ich bin mir sicher mit meinen TJ-praktizierenden Kolleg*innen einig, dass die beiden *nicht* das Gleiche sind. RJ und TJ/CA sind Geschwister, aber sie haben einen unterschiedlichen Entstehungskontext und nicht die gleichen Herangehensweisen.

TJ/CA ist im Kontext sozialer Bewegungen in den USA entstanden, um auf die Notwendigkeit zu reagieren, sexualisierte und Partner*innengewalt innerhalb marginalisierter und aktivistischer Communities anzugehen, ohne Polizei und Strafjustiz zu involvieren. Dabei geht es nicht vorrangig um anarchistischen Idealismus, nichts mit den Staat zu tun haben zu wollen, sondern darum, dass die Gefahr der (Re-)Viktimisierung durch die Polizei bis hin zur Tötung oder Inhaftierung der betroffenen, anzeigenden Person zu groß ist. Es ist für viele Menschen (z.B.: PoCs, Queere, Transpersonen, Antifas oder

54 Mehr dazu siehe Melanie Brazzell: *Was macht uns wirklich sicher?* Edition Assemblage, Münster 2018; RESPONS: *Was tun bei sexualisierter Gewalt?*, Unrast, Münster 2018.

Sexarbeiter*innen) schlicht zu gefährlich, die Polizei zu rufen. Die Debatten rund um Black Lives Matter und «Defund the Police» haben das in den letzten Jahren verstärkt auch in Europa ins Bewusstsein gebracht.

TJ/CA wurde also erfunden, um selbstorganisiert mit intimer Gewalt umzugehen und dabei die strukturellen Ursachen mit anzugehen. Das heißt, dass die beschuldigte Person in der Regel bekannt und Teil der gleichen Community ist. TJ/CA begreift intime Gewalt als Teil eines Herrschaftssystems und sieht die Gemeinschaft in der Verantwortung, darauf zu reagieren, um Bedingungen zu schaffen, die solche Taten nicht begünstigen, und sich mit den Betroffenen zu solidarisieren (Community Accountability). Rund um Tatverantwortliche und Betroffene sollen Unterstützungsgruppen gebildet werden, die auf der einen Seite die betroffene Person bei der Heilung unterstützen und ihre Bedürfnisse ins Zentrum stellen sowie auf der anderen Seite die tatverantwortliche Person bei einer Konfrontation mit den eigenen Handlungen und einer Aufarbeitung und Verantwortungsübernahme begleiten. Ein Dialog zwischen den beiden Parteien ist nicht unbedingt vorgesehen, kann aber auf Wunsch organisiert werden. Wenn die tatverantwortliche Person nicht erreichbar ist, kann immerhin mit der Betroffenen und der Community gearbeitet werden.

TJ/CA kritisiert an RJ die Individualisierung der Handlungen, anstatt ihren politisch-sozialen Kontext mit einzubeziehen sowie das Bestreben, einen vermeintlich harmonischen früheren Zustand wiederherzustellen. Ich halte Zweiteres für eine Kritik, die vor allem auf schlechte Praxis von RJ zutrifft, in der theoretischen Debatte aber so von kaum jemandem vertreten wird. In Bezug auf Ersteres ist mein Problem mit TJ/CA im Umkehrschluss die Überpolitisierung von gewaltförmigen Handlungen, die letztlich einer Konfliktlösung im Hier und Jetzt im Wege steht, weil vor lauter politischen Forderungen, sozialen Strukturen und moralischen Verurteilungen keine Verständigung mehr möglich ist. Ich glaube, dass es wichtig ist, persönliche und politische Ebenen zu trennen, nicht um das Politische im Privaten nicht mehr zu sehen, sondern um konkrete Lösungen zu ermöglichen, während man sich für gesellschaftliche Transformation einsetzt. Alles auf einmal lösen zu wollen, ist eine Überforderung. Beide Ebenen haben ihre Berechtigung, aber wenn sie konfus miteinander vermengt werden, entstehen Blockaden, die auf allen Seiten Frust erzeugen, wie ich bei diversen Gruppenbegleitungen feststellen konnte. Ich konnte in der Regel in dem Moment einen Durchbruch erzielen, in dem sich diejenigen, die sich verurteilt fühlten und in der Defensive waren, gehört und respektiert fühlten. Danach war meist die Basis dafür da, das schmerzhafte eigene Verhalten anzuerkennen und auch darüber nachzudenken, wie man dazu kam und was das mit gesellschaftlicher Macht zu tun hat. Wenn TJ/CA nach eigener Auskunft Schwierigkeiten hat, transformative Prozesse mit «gewaltausübenden Personen» zu durchlaufen, so vielleicht, weil die starke politische Haltung, der ich zustimme und die jede Berechtigung hat, den Zugang zur Empathie und echter Akzeptanz desjenigen als Mensch, der trotz allem «o.k. ist», wie es in der Transaktionsanalyse heißt, auf persönlicher Ebene versperrt. Zwar will auch TJ/CA explizit nicht stigmatisieren und nicht strafen und steht in der Tradition des Strafabolitionismus, aber wenn die Umsetzung nicht gelingt, liegt es möglicherweise daran, dass die Haltung nicht verinnerlicht ist und die Person, mit der gearbeitet werden soll, das mitbekommt und somit kein Vertrauen hat. Dies sind Vermutungen meinerseits auf Basis meiner Erfahrung mit Gruppenprozessen im Kontext sexualisierter Gewalt und Gesprächen mit TJ/CA Praktizierenden. Es ist eine alte Binsenweisheit aus der Gewaltfreien Kommunikation, dass die meisten Leute erst dann gut zuhören und sich öffnen, wenn sie sich selbst gehört, verstanden und akzeptiert fühlen und sich sicher sind, nicht als Mensch verurteilt zu werden. Das fühlt sich für Außenstehende und besonders für Betroffene ungerecht an, aber wenn man (d.h. Leute, die mit der tatverantwortlichen Person arbeiten wollen) diesen Umstand als normale Gefühlsdynamik akzeptiert und die Ressourcen dafür organisiert, sich darauf einzulassen, hält man den Schlüssel dafür in der Hand, Kooperation, Empathie und Veränderungswillen zu erzeugen. Um Missverständnissen vorzubeugen bei diesem heißen Eisen: Es geht nicht darum, etwas gutzuheißen, zu entschuldigen oder zu relativieren, Schuldabwehr zu unterstützen oder Auseinandersetzung zu torpedieren, im Gegenteil: Es geht darum, die emotionale Grundlage für die Konfrontation mit gewissen Handlungen zu schaffen. Und da betrachte ich die Haltung und das Vorgehen der Gewaltfreien Kommunikation als sehr hilfreich.

Ich glaube, dass sich TJ/CA und RJ wunderbar ergänzen und voneinander lernen können. Nicht umsonst sind in den letzten Jahren im professionellen Kontext Mischformen entstanden (z. B. Community Group Conferences in Western Australia). Die Analyse von Gewalt als «Sprache, die man erlernt hat und also verlernen kann» (RESPONS) sowie die sehr konkrete Anleitung zur «transformativen Arbeit mit gewaltausübenden Personen» finde ich enorm hilfreich.

Indigene Justizverfahren

Restorative Justice ist in der Inspiration durch indigene Justizverfahren, historisch konkret besonders jene der Maori und Navajo/Diné, entstanden, aber RJ ist nicht gleichbedeutend mit indigener Justiz. Erstens gibt es, bei allen Gemeinsamkeiten, derer viele verschiedene, und zweitens ist RJ eine westliche Adaption davon, zugeschnitten auf die staatlich organisierten Massengesellschaften moderner Art und ihre Strafjustiz. Der australische RJ-Experte Harry Blagg ist nicht der einzige, der die dabei stattgefundene Zähmung und Entkoppelung von indigenen Wissenssystemen und Weltzugängen kritisiert.[55]

Indigene Justiz ist traditionelle Justiz in dem Sinne, als es sich um überlieferte Verfahren verschiedener Kulturen handelt. Spiritualität ist zentral. Rituale begleiten die Konfliktschlichtung. Im Zentrum steht die Verbundenheit: Ubuntu, Aloha, Mitákuye Oyás'iŋ. Wir sind alle Verwandte, die im Kontinuum der Schöpfung leben, daher ist es unsere Verantwortung, in «guter Beziehung» miteinander zu leben und füreinander und für die Erde da zu sein und Heilung und Entfaltung für alle zu fördern. Unabhängigkeit und Individualität sind von Gegenseitigkeit und Gemeinschaftlichkeit nicht zu trennen. Daraus leitet sich ein Begriff von Gerechtigkeit ab, der auf Verantwortung für gegenseitige Beziehungen und gutes Zusammenleben basiert, weil ein*e Einzelne*r ohne die anderen konzeptuell gar nicht existiert. Und diese anderen schließt alle nicht-menschlichen Lebewesen sowie Natur-Personen wie Wind, Flüsse, Berge, Seen etc. mit ein.[56]

55 Siehe Harry Blagg: Doing Restorative Justice «Otherwise»: Decolonising Practices in the Global South. In: Aertsen/Pali (Hg): Critical Restorative Justice, Bloomsbury/ Hart Publishing Oxford 2017.

56 Siehe Fania E. Davis: The Little Book of Race and Restorative Justice, Good Books, New York 2019, S. 17 ff.

Diese universelle indigene Grundüberzeugung prägt die Herangehensweise, so dass es nicht verwunderlich ist, dass sich die Verfahren ähneln: «…in Gesprächen mit indigenen Führungspersonen, Anwält*innen und Akademiker*innen, die die Navajo-Gerichte besucht haben, habe ich festgestellt, dass das Justizverfahren, welches heute unter dem Begriff Peacemaking bekannt ist, in indigenen Nationen allgegenwärtig ist. Ich nehme an, es ist eine Form des Rechts, die dem modernen Staatsrecht vorausging», schreibt James Zion. Es gehe nicht darum, Menschen zu bestrafen, sondern ihnen zu zeigen, wie man ein besseres Leben führt. Zwang auszuüben gilt als Hexerei.[57] Mehr zu indigenen Epistemologien und Kosmologien und ihrer Wichtigkeit für Restorative Justice habe ich in der Einleitung geschrieben.

Neben indigenen gibt es auch eine ganze Reihe anderer traditioneller Rechtsverfahren, die restorative Elemente haben. Dazu gehören «Stammesjustiz»-Verfahren, wie die islamische Sulha (Nahost) und Jirga (Afghanistan),[58] oder konfuzianistische und taoistische Überlegungen in Japan und China, wie das «Giri» und die «Li», welche ebenfalls Beziehung und Gleichgewicht in der Konfliktbewältigung sehr stark betonen und sich erheblich von westlichen Rechtskonzepten unterscheiden.[59] Hier ist allerdings Vorsicht geboten: Neben restorativen beinhalten diese auch oft Elemente von Zwang, Gewalt und Rache.

Es ist interessant zu sehen, wie unterschiedlich Menschen in Geschichte und Gegenwart Fragen von Gerechtigkeit und Konfliktlösung betrachten und konzeptionalisiert haben, und es ist wichtig, auf begriffliche und theoretische Genauigkeit zu achten. Nur weil etwas nicht auf Strafe aus ist und die Beziehungsebene betont, ist es noch lange nicht Restorative Justice.

---

57 Zit. n. Gerry Johnstone: Restorative Justice. Ideas Values, Debates. Second Edition, Routledge, Oxon 2011, S. 36 & 37.

58 Siehe Beitrag von Doron Pely in TOA-Magazin 2/2015, Seite 31 und Ali Gohar in 1/2018, Seite 20. Problematisch bei beiden ist unter anderem der Ausschluss von Frauen und die Aufrechterhaltung einer sexistischen Gesellschaftsordnung, in der sogar manchmal Mädchen als Blutgeld gezahlt werden.

59 Wer mehr über unterschiedlichste Rechtskonzeptionen in Geschichte und Gegenwart der Menschheit erfahren will, wird hier bedient: Laurent de Sutter: Nach dem Gesetz. Matthes und Seitz, Berlin 2020; Uwe Wesel: Zur Entstehung von Recht in frühen Gesellschaften. www.kj.nomos.de/fileadmin/kj/doc/1979/19793Wesel_S_233.pdf

Aber es schadet bestimmt nicht, sich inspirieren zu lassen und vor allem für weiße Westler*innen ist es angebracht, zu begreifen, dass die eigene, strafrechtlich kolonisierte Sichtweise nicht die einzig mögliche, alleingültige oder beste ist.

Kapitel 5
Restorative Justice in besonderen Kontexten

«Jedem nach seinen Fähigkeiten,
jedem nach seinen Bedürfnissen.»
Karl Marx

Restorative-Justice-Verfahren sind flexibel und anpassbar. Sie werden von grundlegenden Werten und Handlungsprinzipien geleitet und innerhalb dieses Rahmens ist Vieles denkbar, um einen Dialog zwischen Menschen zu ermöglichen. Mir begegnet immer wieder die Überzeugung, RJ sei in diesem oder jenem Kontext nicht anwendbar. Ich möchte dem begegnen: Die Frage ist nicht, ob es geht, sondern was es braucht, damit es geht. Die Entscheidung für oder gegen einen Dialog sollte immer bei den Betroffenen und Beteiligten liegen und nie von unserer Fähigkeit abhängen, sich etwas vorzustellen. Unsere Aufgabe ist es, den Menschen, die es brauchen und wünschen, RJ auch in den schwierigsten und kompliziertesten Settings auf sichere Art zugänglich zu machen.

Zwei der größten Hürden sind Machtgefälle zwischen Betroffenen und Beschuldigten und schwere, traumatisierende Verletzungen auf Seiten der Betroffenen. Aber auch eine große und unübersichtliche Anzahl an Konfliktparteien oder Konflikten mit langer Geschichte und wechselseitigen Anschuldigungen oder eskalierenden Dynamiken sind Herausforderungen.

Es gibt weltweit zahlreiche Arbeitsgruppen, Studien, Pilotprojekte und Handbücher[60] zu RJ in speziellen Kontexten. In diesem Kapitel möchte ich einen Einblick vermitteln, wie RJ-Verfahren an besondere Umstände angepasst werden können.

60 Siehe etwa die Arbeitsgruppen des European Forum for Restorative Justice oder des International Institute for Restorative Practices, um nur zwei Organisationen zu nennen, die zu RJ forschen und entwickeln.

1. RJ mit Kindern als Teilnehmer*innen

Kinder gelten als besonders schutzbedürftig, ob als Beschuldigte, Geschädigte oder Zeug*innen in einem Strafverfahren. Deswegen befasst sich eine ganze Reihe von Gesetzen und Richtlinien[61] damit, auf was zu achten ist und welche Rechte Kinder im Kontext von Strafverfahren haben. Strafmündigkeit und Volljährigkeit werden in verschiedenen Ländern sehr unterschiedlich definiert, was dazu führt, dass im Iran Mädchen bereits im Alter von neun Jahren verheiratet werden können und in den USA Jugendliche wegen Nichtigkeiten zu lebenslangen Haftstrafen verurteilt werden, um nur zwei Beispiele zu nennen. Mich interessieren hier weniger die länderspezifischen Altersgrenzen als vielmehr jene Fragen, die die besondere Konzeption von RJ-Verfahren angeht, wenn es sich um Fälle mit Kindern handelt. Kinder und Jugendliche sind jedoch nicht nur besonders schutzbedürftig, sondern haben auch ein Recht darauf, gehört und ernstgenommen zu werden. Sie sind nicht einfach nur verletzliche und passive Teilnehmer*innen, sondern sollen gleichberechtigt über ihr Schicksal mitbestimmen dürfen.

Letztlich ist das Besondere an einem Restorative-Justice-Verfahren, an dem junge Menschen teilnehmen, dass man sich Gedanken um das Kindeswohl machen muss, ja, dass dieses im Zentrum stehen muss, egal ob der junge Mensch als Beschuldigte*r oder Betroffene*r teilnimmt. Das «International Juvenile Justice Observatory» hat 2018 ein «Handbuch zu Restorative Justice mit Kindern»[62] herausgebracht. Darin werden Empfehlungen formuliert, die ich hier gekürzt wiedergebe.

- Dem *Machtgefälle zwischen Kindern/Jugendlichen und Erwachsenen* muss aktiv *entgegengewirkt* werden und jede Form von Zwang oder Druck ist zu vermeiden.
- Minderjährige Beschuldigte dürfen *nicht beschämt oder aggressiv angegangen* werden, selbst wenn die betroffene Person noch so wütend ist.

---

61 U.A.: UN-Kinderrechtskonvention; Rahmenbestimmungen der Vereinten Nationen für die Jugendgerichtsbarkeit; Regeln der Vereinten Nationen für den Schutz von Jugendlichen, denen ihre Freiheit entzogen ist; UN-Aktionsrichtlinien betreffend Kinder im Strafjustizsystem; UN-Leitlinien für den Schutz kindlicher Opfer und Zeugen von Straftaten im Justizverfahren.

62 Brunilda Pali & Silvia Randazzo: Restorative Justice mit Kindern – ein Handbuch. International Juvenile Justice Observatory, 2018.

- Vermittler*innen brauchen eine *besondere Fortbildung zu Kinderrechten, Kinderpsychologie* und *Kindeswohl* im Allgemeinen. Sie müssen die Überzeugung verinnerlicht haben, dass Kinder Rechte haben und ihre Stimme wirklich gehört und berücksichtigt werden muss. Sie brauchen ein Verständnis der kindlichen Entwicklung und besondere, kindgerechte Kommunikationsfähigkeiten. Jede Form von Paternalismus ist zu vermeiden.
- Auch Kinder und Jugendliche müssen die *freie Wahl* haben, ob sie teilnehmen. Daher braucht es *adäquate, verständliche Information* über das Verfahren und seine Konsequenzen sowie ggf. *Unterstützung* und rechtliche Beratung.
- Wenn die Weiterführung eines Verfahrens eindeutig *gegen das Kindeswohl verstößt, muss die Mediation abgebrochen werden.*
- *Junge Menschen, die geschädigt wurden,* sollen im RJ-Verfahren ihre eigenen Bedürfnisse artikulieren, sie *sind nicht dazu da, die Täter*in zu rehabilitieren.*
- Der Tendenz mancher Erwachsener, *Kinder zu übertönen oder zum Schweigen zu bringen,* muss *entgegengewirkt* werden.
- Je nach Alter und Entwicklung des Kindes braucht der Prozess eine besondere, *kinderfreundliche Gestaltung.* Er sollte an einem Ort stattfinden, der kindgerecht und nicht einschüchternd ist. Das Kind muss die verwendete *Sprache* verstehen und dem Gespräch folgen können. Der Einsatz von *non-verbalen Methoden* (Zeichnen, Lego) kann angebracht sein.
- Jede Handlung, auf die sich ein Kind als Teil der *Lösungsvereinbarung* verpflichtet, muss *verhältnismäßig* sein und sein/ihr Alter, körperliches und psychisches Wohlergehen, Entwicklung, Fähigkeiten und persönlichen Umstände berücksichtigen.
- Nicht vergessen, die *Community* zu beteiligen. *Unterstützungspersonen* können für Kinder, die in prekären Umständen leben, von großer Wichtigkeit sein. Abgesehen davon hat die Community, die ein Kind oder das Verfahren unterstützt, ihre eigenen Bedürfnisse, Interessen und Sorgen. Manche Formen von Jugenddelinquenz können das Sicherheitsgefühl stark beeinträchtigen und bedürfen daher einer besonders sensiblen Herangehensweise in einem RJ-Verfahren.

Eigentlich wäre dieser Katalog auf alle Menschen anzuwenden, denn die Unterstellung der freien Entscheidung auf Basis eines freien Willens, weswegen man dann als Erwachsene*r voll individuell verantwortlich und in dem Sinne «schuldig» ist, halte ich für – vermutlich neoliberale – Ideologie, wie ich weiter oben auch schon einmal in Rekurs auf Geoffroy de Lagasnerie geschrieben habe. Warum sollten nicht auch Erwachsene diese «benefits of the doubt» bekommen? «Mildernde Umstände», das ist doch auch im Erwachsenenkontext ein Begriff. Und dass man auf Individuen, ihre besonderen Bedürfnisse und Fähigkeiten eingeht, halte ich auch für eine Selbstverständlichkeit, egal wie alt sie sind.

2. RJ mit Senior*innen

Westliche Industrienationen haben eine alternde Bevölkerung. Etwa ein Fünftel der Menschen befindet sich im sogenannten dritten Lebensabschnitt und ist über 65 Jahre alt, diese Tendenz wird in den nächsten Jahren noch zunehmen. Damit einher geht eine veränderte Bedürfnisstruktur, nicht nur individuell, sondern auch gesellschaftlich. Barrierefreie Zugänge, Seh- und Hörhilfen und andere Angebote werden häufiger gebraucht. Der Umgang mit unseren «Alten» hat sich verändert. Während sie früher in der Familie blieben und einen gewissen Respekt genossen, vielleicht auch als weise galten, werden heute viele ältere Menschen in Alters- und Pflegeheimen versorgt und sie werden häufiger als nervig und altmodisch oder als Last empfunden (Altersdiskriminierung, d. h. «Agismus»).

Für Restorative Justice stellt sich die Frage, wie man Verfahren entwickelt, die die Erfahrungen und das Wissen der Älteren würdigen und ihre Bedürfnisse und ihre besondere Verletzlichkeit berücksichtigen. Das «Little Book for Restorative Justice with Elder Adults»[63] macht ein paar Vorschläge, die vor allem im Kontext der Unterbringung von Älteren in betreuten Wohn- und Pflegesituationen wichtig sind und sich auf Ältere als Betroffene von Agismus, Bevormundung, Gewalt, Betrug oder Missbrauch beziehen. Wenn dies durch Pflegende oder Angehörige passiert, kann es sein, dass die ältere Person sich nicht

63 Julie Friesen, Wendy Meek: The Little Book of Restorative Justice with Older Adults. Good Books/Skyhorse, New York 2017.

traut, sich zu wehren aus Angst den Kontakt zu einer geliebten Person zu verlieren oder weil sie der Reaktion der gewaltausübenden Person hilflos ausgesetzt wäre.

Das Leitprinzip für Restorative Justice lautet, Respekt, Autonomie und Würde ins Zentrum zu stellen. Das bedeutet:

- Ein alter Mensch hat das Recht, über sein/ihr Leben selbst zu bestimmen, über alle Maßnahmen, die das eigene Wohlergehen betreffen, mitzuentscheiden und an ihrer Umsetzung aktiv beteiligt zu sein.
- Die ältere Person sollte für ihre Beiträge zur Gemeinschaft gewürdigt werden.
- Sie hat das Recht, frei von Diskriminierung, Missbrauch und Gewalt zu leben.
- Unbewusste Vorurteile gegenüber alten und pflegebedürftigen Menschen müssen bei Pflege- und Betreuungspersonal, pflegenden Angehörigen und anderen, die in Kontakt mit einer alten Person sind, angesprochen und reflektiert werden.

Für RJ-Vermittler*innen ist es unabdingbar, sich mit den Auswirkungen von Alterungsprozessen auseinanderzusetzen, um beurteilen zu können, inwieweit jemand an einem RJ-Verfahren teilnehmen kann und was es dafür braucht. Das Nachlassen körperlicher Kräfte und Funktionen (wie Sehen, Hören, Gehen, Gedächtnis) sowie chronische Krankheiten haben auch Einfluss auf das psychische Wohlergehen des alten Menschen. Erlebter Verlust und Verlustängste (in Bezug auf die eigenen Kräfte, aber auch bezüglich seiner Lieben, der eigenen Unabhängigkeit, des sozialen Umfelds, der eigenen Wohnung und Arbeit) können zu Depressionen, Minderwertigkeitsgefühlen, Irritierbarkeit, Verbitterung und Panik führen, was wiederum sozialen Rückzug, Selbstisolierung und Suizidalität nach sich ziehen kann.

Im Kontext der derzeitigen Machtverhältnisse ist auch in Rechnung zu stellen, dass Ältere vermehrt mit Veränderungen konfrontiert sind, die ihr Weltbild, ihre Rollenvorstellungen und ihre Privilegien in Frage stellen. Insbesondere bei älteren weißen Männern gibt es die Tendenz, Veränderung nicht akzeptieren zu wollen und auf ihrer privilegierten Position zu bestehen. Der empfundene Machtverlust ist reell und doppelt – auf Grund ihrer Marginalisierung als Alte, die (vermeintlich) nicht mehr zur aktiven Gesellschaft gehören, und ihrer Entthronung als herrschende Klasse.

Das kann zu Frust und Grant führen. Gleichzeitig haben viele auch noch Machtpositionen inne. Ältere können in diesem Kontext als gewaltausübende Tatverantwortliche auftreten – trotz Hörgerät und Gedächtnislücken. Doch egal in welcher Rolle, für einen respekt- und würdevollen Umgang mit älteren Teilnehmer*innen eines RJ-Verfahrens gibt es ein paar sinnvolle Leitlinien:

- *Abklären*, wie *fit* die Senior*in ist und welche *Einschränkungen* ggf. vorliegen.
- *Nicht alles persönlich nehmen.* Alte Menschen sind manchmal mürrisch, weil sie eigentlich unglücklich, ängstlich, überfordert oder unsicher sind.
- *Geduld* und *Langsamkeit* helfen weiter. Langsam sprechen, Pausen machen, sich *Zeit nehmen* und gut und *aufmerksam zuhören* sind wichtige Techniken.
- Auf *Körpersprache* achten. Müdigkeit oder Überforderung zeigen sich hier als erstes.
- Die Treffen *kurz* und *einfach* halten: jedes Thema zu seiner Zeit, *geordnetes Vorgehen,* angemessen einfache Sprache und regelmäßiges Nachfragen helfen, Überforderung vorzubeugen und Gedächtnisprobleme zu berücksichtigen. Visualisieren und Aufschreiben als *Gedächtnisstütze* schafft Abhilfe.
- Aber Vorsicht! Jeder Mensch ist einzigartig: Jede Form von *Paternalismus ist zu vermeiden,* lieber einmal mehr nachfragen als auf Basis von Annahmen vorgehen, denn diese können falsch und vorurteilsbehaftet sein.
- Jede Form von *Ablenkung vermeiden* (Telefonklingeln, Straßenlärm etc.).
- Die *eigenen Grenzen kennen*: Ältere können uns an die eigenen Eltern erinnern und entsprechende Reaktionen in uns auslösen.

Wenn Demenz vorliegt, sind besondere Vorkehrungen zu treffen. Sie ist per se kein Ausschlusskriterium für die Teilnahme an einem RJ-Verfahren. Demenz ist eine Form der Gehirnveränderung, die zu einem schleichenden Verlust der Fähigkeit zur Alltagsbewältigung führt. Neue Informationen werden nicht mehr aufgenommen und die Fähigkeit, Entscheidungen zu treffen, die Zukunft zu planen oder zu kommunizieren geht schrittweise verloren, bis am Ende die Umwelt nicht mehr erkannt wird. Vermittler*innen sollten sich mit den Auswirkungen von

Demenz vertraut machen und unter anderem folgende Punkte beachten:

- Mehr Zeit in die Vorbereitung investieren, um die Person kennenzulernen und herauszufinden, inwiefern und wie sie an einem RJ-Gespräch teilnehmen kann.
- Langsam und freundlich sprechen, positive Worte verwenden, nicht unterbrechen, eher auf Gefühle als auf sachliche Details achten – und sie trotzdem als gleichberechtigt behandeln und ernst nehmen!
- Optionen zur Auswahl anbieten, ohne sie mit zu vielen Möglichkeiten zu überfordern.

Ob Kind oder Senior*in: Das Alter ist zwar ein wichtiger Faktor, er sollte aber nicht zu vorschnellen Schlüssen führen, denn es bestimmt nicht alleine über die mentale Kapazität einer Person – auch Information, Erfahrungen, Umfeld, soziale und kulturelle Erwartungen, Krankheit, Reife, Sprache oder der Grad an Unterstützung beeinflussen die Fähigkeit zur aktiven Teilnahme an einem RJ-Verfahren. Mediator*innen sollten sich dessen bewusst sein und diese Fragen in Vorgesprächen abklären.

3. RJ bei sexualisierter, geschlechtsbezogener und Partner*innengewalt

Vorab ist festzustellen: Diese drei Gewaltformen sind nicht das Gleiche, überschneiden sich aber sehr häufig. Ihnen ist gemein, dass sie innerhalb des patriarchalen Geschlechterverhältnisses stattfinden und besondere Dynamiken aufweisen, die einer eigenen Berücksichtigung bedürfen. Bei keinem anderen Thema sind die Widerstände gegenüber der Anwendung von Restorative Justice so groß wie bei diesem – und die Bedenken sind ernstzunehmen. Seit geraumer Zeit arbeiten feministische RJ-Praktiker*innen und -Theoretiker*innen an der Konzeption von Verfahren für diesen Kontext. Mein Eindruck ist, dass viele Widerstände gegenüber Restorative Justice zunächst wenig mit der eigentlichen Eignung von RJ für dieses Feld, sondern mit Wissensmangel über RJ, aber vor allem mit Unklarheit darüber zu tun haben, worüber wir sprechen, wenn wir sexualisierte oder geschlechtsbezogene Gewalt sagen. Daher möchte ich zunächst ein bisschen sortieren, bevor ich zum Aufbau von RJ-Verfahren komme.

Sexualisierte Gewalt ist ein unerwünschter Eingriff in die sexuelle Selbstbestimmung eines anderen Menschen. Es kann Gewalt sein, die sich sexuell äußert bzw. der Sexualität bedient oder Sexualität sein, die sich gewaltförmig äußert. Im ersten Fall geht es um Gewaltausübung und Unterwerfung und weniger um sexuelle Befriedigung der gewaltausübenden Person. Im zweiten Fall geht es um sexuelle Befriedigung, der es an Zustimmungskultur, Achtsamkeit oder an Respekt für die Grenzen des Gegenübers mangelt, oft (aber nicht notwendigerweise) hervorgebracht durch oder einhergehend mit einer gesellschaftlichen Machtposition. Man kann drei Formen von sexueller bzw. sexualisierter Gewalt unterscheiden: *unbewusste/unabsichtliche*, sozusagen im Eifer des Geschehens, auf Basis von Missverständnissen oder Kommunikationsmangel entstehend; *gelegenheits- und situationsbedingte*: Die Entscheidung dazu entsteht in dem Moment, in dem sich eine Gelegenheit bietet; und *vorsätzliche*: Eine Gelegenheit wird aktiv gesucht oder herbeigeführt. Für den Umgang haben diese Unterscheidungen erhebliche Konsequenzen, was etwa die potenzielle Gefährlichkeit der tatverantwortlichen Person angeht oder ihre Erreichbarkeit für Verantwortungsübernahme und Veränderung.

Geschlechtsbezogene Gewalt ist Gewalt gegenüber einer Person auf Grund ihrer Geschlechtsidentität, ohne dass dies sexuell konnotiert sein muss. Verfolgung von transidenten Menschen, Durchsetzen von harrschen geschlechtsbezogenen Kleidervorschriften oder auch Genitalverstümmelung und Femizid sind Formen geschlechtsbezogener Gewalt. Sie beruhen auf kulturellen Vorstellungen von Geschlechterrollen.

Partner*innengewalt ist Gewalt in einer Paarbeziehung. Sie muss nicht der herrschenden Geschlechterordnung folgen (z. B. innerhalb homosexueller Beziehungen oder bei Cis-Männern, die von ihren Partner*innen Gewalt erfahren), tut dies aber meist (der Großteil der Fälle sind Cis-Männer, die ihre Cis- oder transweiblichen Partnerinnen verprügeln).[64] Der Rahmen

64 Siehe kriminalstatistische Auswertung des Bundeskriminalamts. Für 2019 sind 80 % der Tatverdächtigen «Männer», 82 % der Betroffenen sind «Frauen». Die Statistik ist in ihrer Konzeption nach wie vor sehr heteronormativ. Es geht daraus nicht hervor, in wievielen Fällen Männer Opfer von Männern werden oder Frauen Opfer von Frauen bzw. wieviele Personen transident sind.

der Beziehung zwischen Opfer und gewaltausübender Person bedingt Dynamiken von Manipulation, gegenseitiger Abhängigkeit und Wiederholung. Die Betroffenen sind der Gewalt besonders stark und lange ausgesetzt. Häufig gibt es Kreisläufe der Reue, Entschuldigung und Versöhnung bis zum nächsten Ausbruch.

Allen drei ist gemein, dass viele Betroffene sich schämen, ihnen nicht geglaubt oder (Mit-)Schuld gegeben wird oder ihre Erfahrungen heruntergespielt und missachtet werden. Das Problem wird gesellschaftlich immer noch nicht ernst genug genommen und entsprechend konsequent angegangen. Die Strafverfolgungsbehörden lassen oft die nötige Sensibilität im Umgang mit Betroffenen in Fällen dieser Art missen, häufig kommt es bei Polizei und vor Gericht zu Retraumatisierung und Re-Viktimisierung. Sie sind daher meist keine Verbündeten. Vielmehr ist das Recht selbst strukturell männlich und daher stets auf der Seite der Macht positioniert. Die Konzeptionalisierung von Vergewaltigung im Recht ist phallozentrisch und heteronormativ, sie gründet sich auf der Annahme eines männlichen Triebes und der Fähigkeit der Frau, diesen zu kontrollieren. Darin zeigt sich eine Stereotypisierung von männlichen und weiblichen Rollen in der Sexualität, was zu einer Obsession mit den drei Themen «Provokation» (Hat die Frau den Mann provoziert?), «Zustimmung» (Wollte die Frau den Sex?) und «Widerstand» (Hat sich die Frau gewehrt?) führt. Letztlich muss eine Betroffene ein «ideales Opfer» (Nils Christie: nüchtern, asexuell, jungfräulich, verheiratet, gläubig, bescheiden etc.[65]) sein, um eine Chance auf Glaubwürdigkeit zu haben.[66]

Dazu kommt, dass es heikel wird, wenn die tatverantwortliche Person einer gesellschaftlich marginalisierten Gruppe angehört: Staatlicher und behördlicher Rassismus zum Beispiel kann für Beschuldigte lebensgefährlich werden. Zuletzt gehen die «Lösungen», die die Strafjustiz zu bieten hat (Haft, Geldstrafe, Abschiebung) oft an den Bedürfnissen der Betroffenen vorbei, etwa dann, wenn sie vom Einkommen der gewaltausübenden Person abhängig sind oder ein Elternteil des gemein-

---

65 Nils Christie: The Ideal Victim. In E. Fattah (Hg.): From Crime Policy to Victim Policy. Basingstoke 1986, S. 17–30.

66 Siehe Brunilda Pali & Karin Sten Madsen: Dangerous Liaisons? A Feminist and Restorative Approach to Sexual Assault. Žrtve i restorativna pravda, März 2011, S. 52.

samen Kindes wegfällt.[67] Die Betroffenen werden so durch die Auswirkungen der Strafe oft mitbestraft. Mal ganz abgesehen davon, dass die strafrechtliche Bearbeitung solcher Gewalt lediglich kosmetisch ist: Die dahinter liegenden Faktoren bleiben unangetastet.

Es ist daher höchste Zeit, Alternativen zu entwickeln, die auf die Bedürfnisse der Betroffenen eingehen, Tatverantwortliche konstruktiv zur Rechenschaft ziehen und auf sozialer Ebene betroffenenfreundliche Diskurse zu etablieren. Ein gut durchdachtes Restorative-Justice-Verfahren kann eine solche, auf feministischen Prinzipien basierende, Alternative sein.

Die feministische Sozialwissenschaftlerin Melanie Randall beschreibt diese Prinzipien als «die Anerkennung, dass der durch interpersönliche Gewalt entstehende Schaden über das konkrete Opfer hinausreicht, ein Insistieren auf die Einbeziehung des Umfelds, um die Taten und damit verbundene soziale Probleme zu beenden, das Bestehen auf die Rechenschaftspflichtigkeit der Täter*innen und auf eine Reaktion des Umfelds, die Überzeugung, dass Täter*innen sich meist, wenn auch nicht immer, ändern können, sowie eine Vision von Frieden, Gleichberechtigung und sozialer Gerechtigkeit».[68] Dazu gehört auch, die patriarchale Dimension der Gewalt zu berücksichtigen, denn: Gewalt ist in überwiegendem Maße ein Männlichkeitsproblem.[69]

Restorative-Justice-Verfahren müssen also, so Randall weiter, opferzentriert sein, ohne Tatverantwortliche und das Umfeld aus dem Blick zu verlieren, um die täterzentrierte Kultur der Strafjustiz und der Gesellschaft umzukehren. Wenn

---

67 Eine ausführliche Würdigung der unterschiedlichen Formen, wie das Gefängnissystem Frauen viktimisiert, findet sich bei Gwenola Ricardeau: Pour elles toutes. Femmes contre la prison. Lux Editeur, Quebec 2019. Sie beschreibt, wie Frauen als Angehörige von Inhaftierten mitbestraft werden, weil sie Care-Arbeit leisten, stigmatisiert werden und die inhaftierte Person als Elternteil und ökonomische Unterstützung fehlt.

68 Melanie Randall: *Restorative Justice and Gendered Violence. From Vaguely Hostile Sceptic to Cautious Convert: Why Feminists Should Critically Engage with Restorative Approaches to Law.* The Dalhousie Law Journal 36, 2013 S. 466.

69 Siehe etwa: John Braithwaite & Kathleen Daly: *Masculinities, Violence and Communitarian Control*. In: Tim Newburn & Elizabeth Stanko (Hg):, Just Boys Doing Business, Routledge, London 1994.

es RJ um das Heilen von Verletzungen geht, dann muss der Ausgangspunkt die Verletzungserfahrung der Betroffenen sein.

Es mag Formen von Gewalt geben, bei denen der Einsatz von RJ-Verfahren bedenklich bis unmöglich ist, etwa wenn es sich um andauernde, wiederholte, unkontrollierbare und schwerwiegende Gewalt handelt, bei der der Gewaltausübende eine Gefahr für die Betroffenen und das Umfeld darstellt. Die allermeisten Fälle sind jedoch im unteren Bereich des Spektrums der Gewalt angesiedelt, einmalige Vorkommnisse oder Missverständnisse. Der Tatverantwortliche stellt keine permanente Bedrohung dar und ist in der Regel (die richtige Ansprache vorausgesetzt) für Veränderung erreichbar. Hier kann Restorative Justice ihr Potenzial der *Heilung, Verantwortung* und *Prävention* entfalten.

Heilung, weil RJ Betroffene als handelnde Subjekte ins Zentrum des Geschehens setzt. Anstatt Zeug*innen eines Rechtsbruchs sind sie die Taktgeber*innen des Prozesses, der ihnen und ihrer Aufarbeitung dienen soll. Ihre Zustimmung und ihre Beteiligung sind Voraussetzung und ihre Verletzung und ihre Bedürfnisse sind Gegenstand des Verfahrens. Sie werden empowert, ihre Geschichte zu erzählen, als Überlebende und nicht als Opfer. Sie werden gehört, es wird ihnen geglaubt und ihr Widerfahrnis als Unrecht anerkannt.

Verantwortung, weil zum Loslassen von Schuldabwehr und dem Beginn der Verantwortungsübernahme auf Seiten der gewaltausübenden Person ermutigt wird. Durch eine nicht-stigmatisierende Haltung und Ansprache lädt RJ Tatverantwortliche ein, sich zu konfrontieren, Reue auszudrücken, Rechenschaft abzulegen und sich therapeutische Hilfe auf einem Weg der persönlichen Veränderung zu suchen. Ein gutes RJ-Verfahren schafft es, große Scham sprechbar zu machen und weist einen Weg in Richtung Rehabilitierung.

Prävention, weil RJ durch das Einbeziehen des Umfelds eine Diskussion darüber schafft, was sexualisierte oder geschlechtsspezifische Gewalt ist und was es braucht, um sie zu beenden und zu verhindern. Denn soziale Normen, die aggressive Männlichkeit fördern und Frauen sexualisieren und abwerten sowie Mythen der Vergewaltigungskultur, das Herunterspielen der Auswirkungen und Schuldumkehrdiskurse sind Teil des sozialen Kontexts, in dem die Gewalt passiert.

Ein für Fälle geschlechtsspezifischer, sexualisierter oder Partner*innengewalt angemessenes RJ-Verfahren sollte daher folgende Bedingungen erfüllen:[70]

- Die Sicherheit, Autonomie und den Respekt für die Opfer priorisieren.
- Ausgearbeiteten und regelmäßig überprüften Standards folgen.
- Das Umfeld einbeziehen.
- Traumasensibel sein, d.h. die Vermittler*innen benötigen Wissen über Traumatisierung, Traumasymptome und Traumafolgen.
- Es sollte regelmäßig evaluiert und die Ergebnisse zur Diskussion gestellt sowie entsprechende Anpassungen vorgenommen werden.
- Flexibel und anpassbar sein und genügend Zeit einräumen.
- Besondere Sorge und Gründlichkeit für die Vorbereitung der Teilnehmer*innen aufbringen – der heikelste und vielleicht sogar transformativste Teil des Verfahrens.

Vermittler*innen müssen:

- eine besondere Ausbildung und ein Tiefenverständnis von den Dynamiken und dem Charakter sexualisierter und geschlechtsspezifischer Gewalt haben, inklusive Wissen über Opferwerdung, Copingstrategien[71], Täterprofile sowie gesellschaftliche Diskurse des Kleinredens, der Desinformation und Mythen.
- Eine Risikoevaluierung vornehmen und Sicherheitsvorkehrungen treffen (insbesondere in Fällen häuslicher Gewalt).
- Von der Idee der Neutralität Abstand nehmen und eine klare Haltung gegen Gewalt und für Gleichberechtigung zeigen.
- Schuldumkehrdiskurse angehen und gegen Leugnung und Kleinreden der Auswirkungen von sexualisierter und geschlechtsspezifischer Gewalt in der Gesellschaft einstehen.

---

70 Nach Randall S. 489; European Form for Restorative Justice: Restorative *Justice and Sexual Violence. Thematic Brief,* Leuven (Belgien) 2020; Judah Oudshorn, Michelle Jackett, Lorraine Stutzman Armstutz: *Little Book of Restorative Justice For Sexual Abuse*. Good Books/Skyhorse New York 2015.

71 Coping, engl.: «Zurechtkommen». Betroffene entwickeln Überlebensstrategien, um mit der Gewalterfahrung oder der andauernden Situation zurechtzukommen bzw. umzugehen.

- Mit thematisch spezialisierten Organisationen und Fachkräften zusammenarbeiten.
- Gegen Manipulierung und Ausnutzung durch die tatverantwortliche Person gewappnet sein.
- Wachsam sein bezüglich Druckausübung auf Betroffene.
- Machtunterschieden mit geeigneten Maßnahmen (Strukturierung des Gesprächs, Unterstützungspersonen) begegnen.
- Ihre Grenzen kennen. RJ ist nicht immer die beste Wahl und Vermittler*innen sollten gut abwägen sowie auch für sich selbst reflektieren, ob sie bereit sind. Das Begleiten von Fällen sexualisierter und geschlechtsspezifischer Gewalt kann eigene Erinnerungen auslösen.

«Als die Leute anfingen, mich als Menschen zu behandeln,wurde mir klar, dass es an der Zeit war, dass ich mich auch wie einer benehme.»[72]

Noch ein Wort zu den Tatverantwortlichen

Menschen machen in der Regel ihre ersten Gewalterfahrungen nicht in der Rolle der Täter*innen – sie werden gewalttätig, weil sie selbst Gewalt erfahren haben, weil sie Gewalt gelernt haben. Während solche Formen sexualisierter, geschlechtsspezifischer und intimer Gewalt, die am unteren Ende der Skala angesiedelt sind, auf unsere allgemeine schlechte, kapitalistisch-patriarchale Konkurrenz- und Dominanzkultur und schlechte Kommunikation zurückzuführen sind, in der wir nicht lernen, unsere Grenzen zu fühlen und zu zeigen, empathisch zu reagieren oder Bedürfnisse zu erkennen und auszudrücken, werden schwerere Formen der Gewalt von Menschen begangen, die ein gewisses Maß an Kaputtheit mitbringen. Das soll nichts entschuldigen, sondern nur noch einmal die Irrigkeit des «freie Entscheidung»- Diskurses herausstellen.

Restorative Justice versucht, dem eine Haltung der Nicht-Stigmatisierung entgegenzusetzen, indem an die nicht-gewalttätigen, positiven Seiten in einem Menschen appelliert und an seine Veränderungsfähigkeit geglaubt wird. Oft haben Mehrfachtäter*innen selbst bereits den Glauben an die Möglichkeit gewaltfreier Beziehungen aufgegeben und erhalten auch von ihrem Umfeld eine ähnlich negative Botschaft. Um

72 Zitat eines Teilnehmers in Oudshorn, Jackett, Stutzman Armstutz, S.13.

daraus auszubrechen, braucht es eine Perspektive der Rehabilitierung. Und Veränderung erfordert Mut. Um sich zu trauen, brauchen auch Tatverantwortliche ein sicheres Umfeld, in dem sie sich mit ihren Schattenseiten zeigen und verletzlich machen können, um sich und ihre Taten zu verstehen. Verletzlichkeit führt weg von Scham und hin zu Mitgefühl – mit sich selbst und den anderen. Und je mehr Empathie jemand entwickelt, desto unwahrscheinlicher wird es, dass er*sie erneut Gewalt ausübt.

4. «Weiße Kragen»[73] und juristische Personen: RJ bei Wirtschafts- und Finanzdelikten

Auf den ersten Blick scheint die Anwendung von Restorative Justice bei sogenannten «White Collar Crimes» und Wirtschaftsdelikten kaum möglich und nicht angebracht: Zu groß die Machtunterschiede zwischen geschädigten Einzelpersonen und großen Unternehmen, zu schwierig der Verantwortlichen überhaupt habhaft zu werden und dann: Wie soll man sie motivieren, an einem RJ-Gespräch teilzunehmen? Würden sie nicht außerdem den Prozess manipulieren und sich «rauskaufen», so dass in diesem Fall RJ tatsächlich ein «easy way out» wäre und nicht die schmerzhafte Konfrontation mit den Betroffenen?

In der Tat gibt es einige Hürden bei der Anwendung von Restorative-Justice-Verfahren bei Wirtschafts- und Finanzdelikten und anderen Taten, die von Menschen in weißen Hemdkragen begangen werden. Wenn man allerdings aus der Perspektive der Betroffenen darauf schaut, so kann es durchaus interessant sein, es dennoch zu probieren. Oft geht es um erheblichen materiellen oder finanziellen Schaden, dessen Reparation in herkömmlichen Justizverfahren oft nicht oder nicht ausreichend thematisiert wird. Zudem kann es Jahre dauern, bis ein rechtsgültiges Urteil gefällt ist und Betroffene ihre Entschädigung erhalten. Auch kann es passieren, dass einzelne Schädigungen nicht Teil des Verfahrens sind oder nicht als illegal gewertet wer-

73 Engl.: White Collar. Bezieht sich auf die weißen Hemden, die Menschen in Büros zur Arbeit tragen, und gilt als Bezeichnung für wohlhabende und mächtige Personen in der Wirtschaftswelt.

den. Betroffene geraten somit leicht unter die Räder, ihre Situation und ihre Bedürfnisse werden nicht berücksichtigt. Wenn es also möglich ist, kann man ein RJ-Verfahren auch in Fällen von Wirtschafts-, Finanz- oder White Collar-Delikten in Betracht ziehen. Dass es schwierig ist, sollte sowieso niemals ein Hinderungsgrund sein, sondern eher ein Hinweis auf die Notwendigkeit besonderer Sorgfalt in der Vorbereitung.

Zunächst aber wäre zu definieren, was White-Collar-Crime überhaupt ist. Edward Sutherland war der erste, der diesen Begriff benutzte, und er definierte ihn folgendermaßen: Ein Delikt, das von einer Person mit hohem Ansehen und hohem sozialen Status im Rahmen ihrer beruflichen Tätigkeit begangen wird.[74] Das US-Justizministerium nutzt seit 1981 folgende Definition: «Ein nicht-gewalttätiges Delikt mit dem Ziel des finanziellen Nutzens, das von Personen in ihrem professionellen, semi-professionellen oder unternehmerischen Kontext, unter Zuhilfenahme ihrer besonderen, damit im Zusammenhang stehenden beruflichen Fähigkeiten oder Gelegenheiten und mit Mitteln der Täuschung begangen wird, oder von Personen egal welchen Berufs, die über spezielles technisches oder fachliches Wissen über die Geschäftswelt oder die Regierung verfügen.»

Marianne Löschnig-Gspandl versteht «corporate crime»[75] als «verschiedene Delikte (Handlungen, die von der Strafjustiz zu ahnden sind), die von Konzernen begangen werden, was in Wirklichkeit bedeutet, dass sie von deren Repräsentant*innen in deren Auftrag oder zu deren Gunsten begangen werden. Bei den Konzernen handelt es sich üblicherweise um Unternehmen und also um Rechtseinheiten, sprich juristische Personen, darunter solche des öffentlichen Rechts. Die von ihnen begangenen Delikte umfassen Wirtschaftsdelikte (wie Eigentumsdelikte, Bestechung, Geldwäsche, Preisabsprachen, Wettbewerbsbehinderung, Konkursdelikte, Steuerbetrug etc.), falsche Werbeversprechen, Herstellung und Verkauf mangelbewährter Güter, Täuschung, Umweltdelikte, aber auch Taten, die Personen verletzen oder deren Tod zur Folge haben, und viele weitere. Diese Delikte werden von und in einer Organisation im Einklang mit deren Zielen begangen, betroffen können sowohl Einzelperso-

74 Edward Sutherland: White Collar Crime. The Dryden Press, New York 1949, eigene Übersetzung.

75 Delikte begangen von Konzernen oder Firmen.

nen (inklusive Angestellte und Kund*innen), andere Unternehmen oder die allgemeine Öffentlichkeit sein.»[76]

Da es stets Menschen sind, die im Auftrag oder im Kontext eines Unternehmens handeln, besteht eine Schwierigkeit darin, zu klären, wer verantwortlich ist und daher zur Rechenschaft gezogen werden soll. In der Regel sind mehrere Personen involviert, indem sie etwas ausgeführt, beauftragt, gut geheißen, mitgewusst bzw. nicht mitbekommen haben oder weil sie rechtsverantwortlich sind, und schließlich die Organisation als solche.

Dabei ist vieles, was Unternehmen und Weißkragenträger*innen tun, nicht einmal illegal doch es hat trotzdem verheerende Auswirkungen. Daher bietet es sich an, eher von Schädigungen anstatt von Delikten zu sprechen (White Collar und Corporate *Harm,* anstelle von *Crime*). Restorative Justice kann dabei helfen, Unternehmen unter öffentlichem Druck zur Rechenschaft zu ziehen und zu Entschädigung und Wiedergutmachung zu bewegen, selbst wenn ihr Vorgehen nicht illegal war und kein Justizverfahren anhängig ist.

John Braithwaite[77] sieht zwei Schlüsselfaktoren für den Einsatz von RJ im Kontext von schadhaftem Verhalten durch Unternehmen: 1. Communitybuilding und Demokratietraining und 2. den Kreis erweitern. Eine Gesellschaft, die in starken Gemeinschaften organisiert ist und in der Menschen sich darin üben, für ihre Belange einzustehen, an der Gestaltung des öffentlichen Lebens zu partizipieren und aktiv für Lösungsfindung Verantwortung zu übernehmen, ist besser gerüstet, um mächtige Akteur*innen wie Wirtschaftsunternehmen oder reiche und mächtige Einzelpersonen zur Rechenschaft zu ziehen. Dabei erweitert man den Kreis der Teilnehmer*innen solange, bis man in besagtem Unternehmen auf eine Hierarchieebene stößt, die die anderen ausbooten kann und Verantwortung übernimmt. Damit kann man auch die Strategie mancher Unternehmen aushebeln, Bauernopfer zu bringen, indem sie eine Extrastelle mit jemandem besetzen, der zur Not die Verantwortung auf sich nimmt und sogar ins Gefängnis geht, nur um keine wirkli-

76 Marianne Löschnig-Gspandl: Corporations, crime and restorative justice. In: Elmar Weitekamp & Hans-Jürgen Kerner: Restorative Justice in Context. International Practice and Directions. Willan Publishing, Uffcome (UK) 2003, S. 146f. Eigene Übersetzung.

77 John Braithwaite: Restorative justice and corporate regulation. In Weitekamp/Kerner (2003) S. 161 ff.

chen Veränderungen vornehmen zu müssen: «…die Strategie besteht darin, den Kreis immer weiter zu vergrößern und wenn es sein muss, den Vorsitzenden des Aufsichtsrats einzuladen, bis man jemanden findet, der für Beschämung oder moralische Vorwürfe bezüglich der Unternehmensethik zugänglich ist. Ich habe erlebt, wie diese Methode dazu geführt hat, dass Vorstandsvorsitzende, die sich sozial verantwortlich fühlten, ihre CEOs gefeuert haben.»[78]

Dabei hat sich die «Sophisticated inspector»-Methode, die Braithwaite in Australien entwickelt hat, als einigermaßen wirksam erwiesen. Im Kontext der Inspektion von Pflegeheimen nach Beschwerden zeigte sich, dass Inspektor*innen, die zu tolerant und verständnisvoll gegenüber der Leitung des Heimes sind, genauso schlechte Resultate erzielen bezüglich der Umsetzung der verlangten Veränderungen wie solche, die die Leitung stigmatisieren. Ein*e «sophisticated» Inspektor*in bleibt fair, tadelt die Handlungen oder Nachlässigkeiten der Leitung streng, behandelt sie dabei aber als Menschen, denen man vertrauen kann, und lobt, wenn sich Verbesserungen einstellen (siehe re-integrative shaming in Kapitel 2). Dahinter steht die Idee, dass wir alle mehrere Anteile in uns haben – darunter geizige, egoistische und inkompetente, aber auch sozial verantwortliche und sorgende, und solche die Anerkennung suchen und Rufverlust fürchten. Kluge Inspektion regt die Getadelten an, von ihrer guten Seite Gebrauch zu machen.[79] Die Überlegung ist, dass da, wo die Ausführenden und Verantwortlichen noch nicht vollständig abgebrüht oder soziopathisch veranlagt sind[80], bei der Person angesetzt werden kann. In hierarchischen Organisationen wird Verantwortung stets nach oben abgeschoben und Personen handeln in Angst vor der Reaktion ihrer Vor-

---

78 Ebd. S.170, eigene Übersetzung.

79 Siehe ebd. S.162 ff., eigene Übersetzung.

80 «Neueren Untersuchungen zufolge sind Menschen mit einer narzisstischen oder psychopathischen Persönlichkeit etwa drei- bis viermal häufiger in Machtpositionen vertreten als im Bevölkerungsdurchschnitt.» ZEIT-Interview mit Jens Hoffmann: Auffällig viele Psychopathen werden Chef, 26.5.2014.
https://www.zeit.de/karriere/beruf/2014-05/psychopathen-interview-psychologe-jens-hoffmann/komplettansicht,
zuletzt abgerufen am 2.8.2021
Siehe auch Dunning-Kruger-Effekt und Hybris-Syndrom.

gesetzten.[81] Auch deswegen kann die Kreiserweiterung nach oben sinnvoll sein. White-Collar-Delikte zeichnen sich zudem dadurch aus, dass die Tatverantwortlichen «ihre Opfer» selten bis gar nicht zu Gesicht bekommen. Diese Distanz ermöglicht ein Verdrängen der etwaigen Tatfolgen und der eigenen Verantwortung dafür. In einer direkten Konfrontation ist diese Verdrängung nicht mehr möglich. Im richtigen Setting kann sich Empathie, Scham und somit Reue und Verantwortungsübernahme einstellen.

Es ist aber nicht nur schwierig, die Verantwortlichen zu definieren und zur Verantwortung zu ziehen, manchmal ist auch die Zahl und Identität der Betroffenen schwer zu ermitteln, wie etwa bei irreführender Werbung, Preisabsprachen oder Bestechung. Opfer ist dann «die Allgemeinheit», aber wer repräsentiert diese? Und was wäre eine angemessene Wiedergutmachung? Wie lässt sich der Schaden bemessen? Die Fragen sind komplex, aber ein geschickt aufgesetztes RJ-Verfahren kann Antworten finden, die für viele Menschen befriedigender sind als (oft ohnehin nicht vollzogene) Gefängnisstrafen für Manager oder läppische Strafzahlungen und echte Schadensregulierung beinhalten.[82] Braithwaite erzählt ein Beispiel aus Australien, wo in den neunziger Jahren eine große Versicherungsgesellschaft im großen Stil Aborigine-Gemeinschaften beim Verkauf von Versicherungspolicen betrogen hatte. Anstatt eines Strafverfahrens wurde die Führungsebene überredet, die betroffenen Gemeinschaften zu besuchen und von Angesicht zu Angesicht mit den Opfern zu sprechen. Manche Führungskräfte kehrten zutiefst beschämt zurück. Die Betroffenen wurden entschädigt und eine Verbraucherschutz-Stiftung für Aborigines gegründet.

81 «The infinite regress problem of accountability», siehe John Braithwaite: Accountability and Responsibility through Restorative Justice. In: Michael Dowdle (Hg): Rethinking Public Accountability, Cambridge University Press, Cambridge 2006, S.10 f.

82 Der Finanzjongleur Bernard Madoff erhielt für seinen massenhaften Betrug, der in der Krise von 2008 Tausende von US-Amerikaner*innen um ihr Erspartes brachte, im Alter von 70 Jahren eine Haftstrafe von 150 Jahren. Viele der Geschädigten gingen leer aus. In jedem Land gibt es zahllose Beispiele von Verfahren gegen Reiche und Mächtige, die gar nicht erst aufgenommen, eingestellt oder deren Strafe nicht umgesetzt wird. Darüber hinaus sieht man am Beispiel Madoffs, wie wenig Betroffene selbst von einer umgesetzten «harten» Strafe haben.

Im weiteren Verlauf kam heraus, dass es viele andere Opfer gab. Schließlich wurden insgesamt 300.000 Opfer mit insgesamt fast 100 Millionen Australischen Dollar entschädigt.[83] Erfahrungen in Kanada zeigen, dass Entschädigungszahlungen, die das Ergebnis einer restorativen Verhandlung waren, zu über 90 % innerhalb von einem Jahr gezahlt wurden, im Vergleich zu nur 20–30 % der von Gerichten angeordneten Entschädigungen.[84] Für Betroffene ist das ein fundamentaler und manchmal existenzieller Unterschied!

Zusammenfassend lassen sich ein paar Eckpfeiler für den Einsatz von RJ im Kontext von sogenannter Wirtschafts- und Weißkragenkriminalität festhalten:

- *Ohne Druck geht gar nichts.* Diese Form von schädigendem Verhalten wird absichtsvoll und kalkulierend eingesetzt, um im kapitalistischen Wettbewerb finanzielle und Machtvorteile zu erlangen. Die verantwortlichen Organisationen und Einzelpersonen werden daher so lange versuchen, jede Verantwortung abzuwehren, bis diese Position zu riskant wird. Entweder ist die staatliche Justiz Quelle des entsprechenden Drucks und bietet während eines Verfahrens den Einsatz von RJ an oder die Öffentlichkeit baut durch Aktionen und Diskursinterventionen Druck auf. Wenn die Verantwortlichen dann Dialogbereitschaft zeigen, kann Restorative Justice den Rahmen für einen möglichst gleichberechtigten und ehrlichen Dialog bieten.
- *Vorsicht vor taktischen Sündenböcken.* Wer ist wirklich verantwortlich? Welcher Veränderungen bedarf es in dem Unternehmen? Wie kann das gewährleistet werden?
- *Wer sind die Opfer* und wie können sie repräsentiert werden?
- *Grenzen des Verfahrens:* Es geht darum, effektivere Wege der Entschädigung für die Betroffenen und ggf. die Öffentlichkeit zu finden, nicht mit Hilfe von Dialogverfahren den Kapitalismus stürzen zu wollen.

---

83 Siehe John Braithwaite: Restorative justice and responsive regulation, Oxford University Press, Oxford 2002, S. 22–24.

84 Daniel Luedtke, Progression in the Age of Recession: Restorative Justice and White-Collar Crime in Post-Recession America, 9 Brook. J. Corp. Fin. & Com. L. 2014. S. 329 Verfügbar unter https://brooklynworks.brooklaw.edu/bjcfcl/vol9/iss1/14

- *Nicht ganz so allparteilich:* Restorative-Justice-Settings sind keine Tribunale, sie sind aber auch keine neutralen Orte der «Verhandlung». Gerade bei vorsätzlichen schädlichen Handlungen aus finanziellen Interessen (in anderen Kontexten gilt das als niedriger Beweggrund) steht RJ – unter Wahrung des Respekts der Menschenwürde der Tatverantwortlichen oder ihrer Vertreter*innen – auf der Seite der Betroffenen.
- *Machtgefälle ausgleichen.* Dabei besonders auch auf die Sprache achten. Eliten haben ihren eigenen Jargon, der auf andere einschüchternd wirken kann (und soll). Führungskräfte sind es gewohnt zu dominieren, geschickt zu verhandeln und sich durchzusetzen. RJ-Methodik muss und kann dem entgegenwirken.
- *Follow the Sophisticated Inspector.* Nichts tolerieren und nicht stigmatisieren, sondern Verantwortliche bei ihrem Gewissen packen und motivieren, ihre Handlungspielräume zu nutzen und ihre Schokoladenseite zum Einsatz zu bringen.
- *Plan B.* Braithwaite vermutet, dass White-Collar- und Wirtschaftsdelikte mehr Schaden anrichten als alle anderen Delikte zusammen. Es ist daher für die Betroffenen und die Gesellschaft von besonderer Bedeutung, dass die Verantwortlichen nicht vom Haken gelassen werden, ehe sie ihre Rechenschafts- und Reparationspflicht erfüllt haben. Wenn RJ scheitert, braucht es dringend einen Plan B, was uns, sofern es sich nicht ohnehin um die (Straf-)Justiz handelt, zurück zum ersten Punkt bringt: Druck durch öffentliche Sanktionen und Aktionen. Wenn es sich nicht um einen multinationalen, sondern um einen lokalen und regionalen Akteur handelt, gibt es einiges an Handlungsmöglichkeiten für organisierte Communities und Betroffene.

Dies alles hat offensichtlich seine Grenzen im tödlichen Konkurrenzkampf, dem der Kapitalismus Unternehmen und Individuen unterwirft. Dieser erlaubt jedoch mehr Handlungsspielraum, als seine Apologet*innen wie auch manche Kritiker*innen zugeben wollen. Zwischen strukturellen Bedingungen und persönlichen Entscheidungen liegt ein weites Feld, auf dem für Betroffene von Schädigungen durch Menschen mit weißen Hemdkragen oder Unternehmen einiges zu holen ist. Nicht alle Wirtschaftsdelinquent*innen handeln, «weil sie nicht anders können», sondern viele auch, «weil es geht», weil sie damit durchkommen, weil sie es können.

5. «Environmental Justice»: RJ bei Umweltzerstörung

Die Idee der «Umweltgerechtigkeit» ist in den letzten Jahren entstanden und bringt Restorative Justice zurück an ihre Wurzeln: Indigene Nationen sind oft am stärksten von den großen Umweltzerstörungen unserer Zeit betroffen und gleichzeitig diejenigen, die sich am stärksten für die Verteidigung und den Schutz der Natur einsetzen. Ihr Verständnis der Natur und ihre Definition dessen, was Zerstörung bedeutet und wie daher Gerechtigkeit und Wiederherstellung aussehen können, sind wegweisend und lassen sich in RJ-Verfahren aufnehmen und repräsentieren. Hier können auch solche Personen als Betroffene teilnehmen oder vertreten werden, die keinen legalen Status haben (wie Naturerscheinungen, die für indigene Menschen Personen sind: Flüsse, Seen, Pflanzen, Tiere, Berge, Orte, Wind etc.) und es können Schäden zur Sprache gebracht werden, die rechtlich nicht anerkannt sind (etwa auf spiritueller Ebene oder schlicht Sachverhalte, die offiziell nicht als dazugehörig gelten).

Konkret kann RJ seine partizipations- und dialogorientierten Prozesse in die Waagschale werfen und so dazu beitragen, dass alle Betroffenen und Beteiligten sich in einem gleichberechtigten und respektvollen Rahmen zusammensetzen und Gefühle wie Trauer, Wut und Angst teilen, Sachverhalte erklären und klarstellen und schließlich Wiedergutmachung und künftiges Vorgehen vereinbaren. Restorative Prozesse sind möglich innerhalb betroffener Gemeinschaften, zwischen betroffenen Gemeinschaften und Konzernen, zwischen staatlichen Institutionen und Aktivist*innen, zwischen Betroffenen und Aktivist*innen, aber auch zwischen menschlichen und nicht-menschlichen Wesen.

Dabei wird es vor allem darauf ankommen, Machtunterschiede auszugleichen und gegenüber wirtschaftlichen und staatlichen Schadensverursacher*innen und Kompliz*innen eine ausreichend große Verhandlungsmacht aufzubauen. Restorative Verfahren wie Talking Circles können dabei den Betroffenen und Aktivist*innen helfen, im Vorfeld Einheit und Verbindung untereinander herzustellen, was ihre Position und Handlungsfähigkeit gegenüber den Schadensverursacher*innen stärkt. Erfahrungen mit (Pseudo-)Mediationsverfahren im öffentlichen Raum haben in der Vergangenheit gezeigt, dass Betroffene und Aktivist*innen in einer schwächeren Position sind, wenn ihnen die Methodik nicht klar ist oder sie keine «Stärke durch Einheit» haben. Sie müssen wachsam bleiben, um «sich nicht über den Runden Tisch ziehen zu lassen», wie ein Leitfaden der «Stiftung Mitarbeit» es genannt hat. Es geht für Unternehmen und Behörden um finanzielle und Machtinteressen, welche sie selten freimütig aufgeben.

Die Ergebnisse von Environmental-Justice-Verfahren können eine Reihe von Maßnahmen der Entschuldigung, Schadenskompensation und Wiedergutmachung beinhalten, darunter Wiederherstellung von Ökosystemen oder ausgleichende Schaffung von Schutzzonen anderswo, Unterlassung künftiger Schädigung, gemeinnützige Arbeit in der betroffenen Gemeinschaft, Untersuchung aller umweltschädigenden Aktivitäten einer Firma, Bildung von Umweltbewusstsein und Training in umweltgerechtem Verhalten für Mitarbeiter*innen etc. Dabei tauchen Fragen und Schwierigkeiten auf, die sich aus dem spezifischen Kontext ergeben und so in anderen Feldern so nicht vorkommen:

- Wie können Betroffene identifiziert, ihre Rechte gewahrt und ihre Stimme in einem RJ-Verfahren gehört werden?
- Wer kann für zukünftige Generationen oder nicht-menschliche Personen sprechen und welche Voraussetzungen, Fähigkeiten oder Kenntnisse braucht man dafür?
- Nach welchen Kriterien können Reparatur und Wiedergutmachung definiert werden?
- Kann irreversible Umweltzerstörung geheilt und wiedergutgemacht werden, und wenn ja, wie?
- Wie kann man die Verantwortlichen identifizieren und für ihre Teilnehme an einem RJ-Verfahren sorgen?
- Wie kann man Umweltschaden messen und was lässt sich über zukünftige Auswirkungen sagen?

Eine sinnvolle Antwort auf diese und andere Fragen kann nur in enger Zusammenarbeit mit zivilgesellschaftlichen, politischen und ökologischen Bewegungen sowie indigenen Nationen, Aktivist*innen, Wissenschaftler*innen und Jurist*innen gefunden werden.

In der Broschüre «Environmental Justice: Restoring the Future» des European Forum[85] entwickelt der britische Mediator Lawrence Kershen am Beispiel der Verschmutzung von Flüssen

85 European Forum for Restorative Justice: Environmental Justice: Restoring the Futures. Towards a restorative environmental justice praxis. Leuven (Belgien) 2019.

und Stränden durch Abwassereinleitung in Südengland ein Drei-Säulen-Modell, um staatliche und wirtschaftliche Akteur*innen zu einer Teilnahme an einem Umweltgerechtigkeitsverfahren zu bewegen.

Säule eins ist Einbindung in das Strafverfahren: Restorative Justice wird als möglicher und freiwilliger Teil eines Umweltstrafverfahrens angeboten. Das Problem ist, dass ein Strafverfahren erstmal überhaupt eingeleitet werden muss.

Säule zwei heißt «Motivation». Hier geht es darum, Beweggründe zu finden: Hat die Firma Angst um ihr Image? Gibt es Entscheidungsträger auf höherer Hierarchieebene, die sich verantwortlich fühlen und bereit sind, mitzumachen? Oder gibt es lokale Abhängigkeiten, die die Akteur*innen zur Teilnahme motivieren, weil sie es sich mit den Nachbar*innen nicht verscherzen wollen? Auch Aktienbesitzer*innen und andere Teilhaber*innen sind möglicherweise dafür zu gewinnen, Einfluss auf die Verantwortlichen zu nehmen. Meist ist der Aufbau von öffentlichem Druck nötig, daher ist die Zusammenarbeit von RJ-Praktiker*innen mit Aktivist*innen und zivilgesellschaftlichen Organisation unabdingbar.

Bei der dritten Säule handelt es sich um Aufklärung: Sowohl bei staatlichen Institutionen als auch in der breiten Öffentlichkeit muss über Restorative-Justice-Verfahren aufgeklärt werden, damit sie angewendet werden. Dabei ist es hilfreich, wenn sich RJ-Praktiker*innen oder RJ-Institutionen ein gutes Standing erarbeiten.

Denkbare Szenarien, bei denen ein RJ-Verfahren eingesetzt werden könnte, sind unter anderem: Eintrag chemischer Pflanzenschutzmittel durch Landwirte, großflächige Bewässerung auf landwirtschaftlichen Flächen oder Wasserverschwendung in touristischen Attraktionen in Zeiten von Wasserknappheit; Verschmutzung des Grundwassers durch intensive Massentierhaltung; Überfischung der Meere durch Großfangflotten; Landschaftszerstörung durch Bergbau; Abholzung von Wäldern; Vergiftung durch Abbau oder Verarbeitung toxischer Materialien; Pipelinebau; Betreiben von Atomkraftanlagen; Bau von Autobahnen und Hochgeschwindigkeitstrassen oder Flughäfen; massenhafte Entsendung von Satelliten in den Nahbereich der Erde, und Vieles mehr. Die meisten dieser Aktivitäten fordern bereits seit langem Proteste und hartnäckigen Widerstand heraus. Restorative Justice könnte ein Werkzeug des Widerstands werden, um allumfassendere Lösungen zu finden, wenn der Druck auf die Kooperationswilligkeit der Zerstörungsverantwortlichen groß genug geworden ist.

Eines der bekanntesten Beispiele für die Anwendung von RJ im Kontext von Umweltzerstörung ist der Kollaps des Tailingsbeckendamms[86] der Samarco Mine in Minais Gerais (Brasilien) im Jahr 2015. Neunzehn Menschen wurden getötet, Hunderte verloren ihr Zuhause und das Ökosystem des Flusses Doce wurde durch die Ausspülung hochtoxischer Substanzen auf mehreren hundert Kilometern völlig zerstört. Der öffentliche Aufschrei zwang die verantwortlichen Besitzer zu schnellem und effektivem Handeln. Sie gründeten die Stiftung «Renova» mit dem Zweck der «vollständigen Regenerierung der betroffenen Ökosysteme und Communities» ohne finanzielle Obergrenze. Zur Vermittlung mit den Betroffenen wurde der in Brasilien beheimatete, international renommierte Restorative-Justice-Praktiker Dominic Barter engagiert. Er begann, mit den Betroffenen darüber zu sprechen, wer alles und wie geschädigt und was für eine Wiedergutmachung gebraucht wurde. Dabei stellte sich heraus, dass neben den offensichtlichen Schäden wie Verlust von Haus oder Angehörigen auch solche ganz anderer oder sekundärer und tertiärer Art zu erheblichem Leid führten: Der Verlust des Flusses wurde von manchen wie der Tod eines Verwandten empfunden, da sie zu ihm eine Art persönlicher Beziehung hatten. Für einen Rentner bedeutete das Fischen am Fluss Ruhe und Rhythmus im Leben sowie etwas zu tun zu haben. Seit er nicht mehr fischen gehen kann, war auch seine Ehe gefährdet, da ihm seine tägliche Beschäftigung fehlte und sie sich gegenseitig auf die Nerven gingen: «Der Fluss ist mein Leben. Ohne ihn fällt alles auseinander.»[87]

Dieses Vorgehen ermöglichte eine ganzheitliche Vision dessen zu entwickeln, was alles durch den Dammbruch zerstört wurde sowie eine gerechtere und schnellere Entschädigung durch partizipative Entscheidungsfindung zu erreichen.

---

86 Damm eines Beckens, in dem schlammige toxische Rückstände («tailings») aus der Eisenerzaufbereitung gelagert werden.

87 Femke Wijdekop: Interview mit Dominik Barter. In: ebd. S. 59.

6. Einige Hinweise zum Umgang mit Machtgefällen

Je größer die Machtunterschiede zwischen Betroffenen und Verantwortlichen sind, desto heikler wird der RJ-Prozess, desto wachsamer muss die Vermittler*in sein und desto mehr muss sie sich selbst und die Teilnehmer*innen vorbereiten. Gute Vorbereitung ist, wie so oft, ein Hauptelement des Gelingens.

Weitere hilfreiche Maßnahmen sind unter anderem:

- Genaue Analyse der Zusammensetzung der Teilnehmer*innen: Gibt es Ungleichgewichte? Können diese durch Unterstützungspersonen oder professionelle Beratung ausgeglichen werden?
- Nicht alleine, sondern mit jemandem zusammenarbeiten, der eine andere, für den Fall relevante, soziale Identität hat.
- Vielredner*innen bremsen und Raum für stillere Menschen bieten.
- Zum Sprechen aus der Ich-Perspektive einladen und gegen verurteilendes Sprechen eintreten.
- Unterstützend und ermutigend eingreifen.
- Auf Körpersprache bei sich und den anderen! – achten
- Machtdynamiken ansprechen und die eigene Beobachtung zur Diskussion stellen, nicht warten, dass andere es tun.
- Pausen machen, um abzuklären, wie es allen geht.
- Indirekte Formen der Teilnahme anbieten (per Brief, durch Videokonferenz, durch ein*e Vertreter*in). Diese Option sollte man nicht leichtfertig anwenden, da der Prozess dadurch ggf. weniger Kraft entfaltet.
- Nicht mehr versprechen, als man halten kann. Machtungleichgewichte können nicht zum Verschwinden gebracht werden und RJ-Verfahren sind daher nur bedingt «sicher», vielmehr kann die Teilnahme manchmal herausfordernd sein.
- Vertraulichkeitsregeln aufstellen: Gesagtes bleibt im Raum, nur Gelerntes geht mit raus.
- Betroffene sind nicht notwendigerweise schwächer als Verursacher*innen. Die beschuldigte Person kann sogar in einer sozial schwächeren Position sein als die betroffene Person.
- Vorsicht mit Vorurteilen und Paternalismus. Lieber nachfragen und Menschen dazu empowern, ihrer Stimme Gehör zu verschaffen, als auf Basis eigener Überzeugungen vorschnelle Schlüsse zu ziehen.

Kapitel 6
Die «Gummibärchenfalle» und andere Probleme – Gefahren für RJ

«Tatsache ist, dass Restorative Justice in vielen Ländern in das Strafjustizsystem eingeschlossen wurde, wo sie als Teil eines Kontinumms der Strafe mit strafenden Sanktionen symbiotisiert, ohne diesen gefährlich zu werden.»

Harry Blagg[88]

Seit den ersten Fällen und Pilotprojekten ist viel Wasser den Rhein und andere Flüsse hinuntergelaufen. Restorative Justice hat sich entwickelt, diversifiziert, professionalisiert, akademisiert, verbreitet – und ist doch relativ unbekannt geblieben. Die erhoffte Veränderung der Strafjustiz ist ausgeblieben, tatsächlich scheinen sich sehr repressive Justizsysteme mit RJ ganz gut zu arrangieren, wie man an den USA sieht: Eine Menge restorativer Ansätze existieren beinahe friedlich neben einem der brutalsten Strafregimes der sogenannten westlichen Welt.

Es gab und gibt in der weltweiten RJ-Bewegung viele Debatte darum, ob RJ sich innerhalb oder außerhalb «des Systems» ansiedeln soll,[89] beziehungsweise ob man eine strenge/minimalistische Strategie (kein Fußbreit der Strafjustiz! RJ heißt alles verändern!) oder eher eine maximalistische (besser, es gibt Mediation im Strafverfahren als gar nichts, selbst wenn man sich auf die Rahmenbedingungen einlassen muss) verfolgen soll.

Mein Standpunkt ist ziemlich klar: Ich sehe wenig Sinn darin, innerhalb der Strafjustiz mit ein bisschen Mediation herumzudoktern und sich von den staatlichen Autoritäten, ihren Bedingungen und Vorgehensweisen abhängig zu machen. Es

88 Harry Blagg: Doing Restorative Justice Otherwise: Decolonising Practices in the Global South. In: Brunilda Pali & Ivo Aertsen (Hg): Critical Restorative Justice. Bloomsbury, London 2017, S. 68. Eigene Übersetzung.

89 Siehe z.B. Thomas Trenczek: Inside or Outside the system? In: Elmar Weitekamp & Hans-Jürgen Kerner: Restorative Justice in Context. International Practice and Directions. Willan Publishing, Cullompton, UK 2003, S. 272–284.

ist in Ordnung, dass es eingebettete Mediation gibt, quasi als Nebenwirkung eines Kampfes für eine ganz andere Art, mit schmerzhaftem Geschehenen, Unrecht, Ärgernissen und Gewalt umzugehen. Die Integration in die Strafjustiz kann aber weder Ziel noch Horizont von Restorative Justice sein. Indigene Gelehrte und RJ-Aktivist*innen kritisieren seit längerer Zeit diese «Verweißlichung» von Restorative Justice, beziehungsweise dass Restorative Justice selbst eine weiße Verformung indigener Gerechtigkeitspraxen geworden ist.[90] RJ zieht seine Kraft eindeutig aus seinen indigenen Wurzeln und der damit verbundenen grundsätzlich anderen Sicht auf die Dinge. Es braucht daher immer wieder eine radikale, also an die Wurzel[91] zurückgehende, Infragestellung der aktuellen Entwicklungen.

Gefahren für RJ

Etwas mehr als dreißig Jahre nach seiner später als Artikel berühmt gewordenen Rede «Conflicts as Property» kehrte Nils Christie 2009 an die Universität Sheffield zurück und machte eine Bestandsaufnahme. Fünf Gefahren, so resümiert er, lauerten auf Restorative Justice[92], als da seien:

- *Mediations-Imperialismus*: alles mediieren zu wollen, andere Wege werden ausgeblendet.
- *Professionalisierung*: Ein weiteres Mal, so beklagt er, werden den Leuten ihre Konflikte gestohlen, diesmal von RJ-Profis, die über Eignung, Vorgehen etc. entscheiden, anstatt die maximale Entscheidungshoheit bei den Konfliktparteien zu belassen und nur als Begleiter*innen «Gast im Konflikt der anderen» zu sein, wie Dominic Barter sagt.

90 Siehe z. B. Harry Blagg: Restorative Justice or Indigenous Justice. In: Harry Blagg & Thalia Anthony: Decolonising Criminology, Palgrave Macmillan, London 2019; ders: Restorative Visions in Aboriginal Australia. In: Criminal Justice Matters 44 (1), März 2008, S. 15–16; ders: Restorative Visions and Restorative Justice Practices: Conferencing, Ceremony and Reconciliation in Australia. In: Current Issues in Criminal Justice 10 (1), Juli 1998, S. 5–14; Juan Tauri & Chris Cunneen: Indigenous Criminology. Policy Press, Bristol 2016; Juan Tauri & Paora Moyle: Maori, Family group Conferencing and the Mystifications of Restorative Justice. In: Victims and Offenders, 11(1), Februar 2016, S.1–20.

91 Radix, latein: Wurzel.

92 Nils Christie: 5 Gefahren für Restorative Justice. In: TOA-Magazin 1/16, DBH Verband, Köln 2016, S. 4.

- *Ungeeignete Partner*innen*: Der Versuch, Bestrafung und Mediation miteinander zu verknüpfen.
- *Buchhaltungslogik*, die versucht, um der Zählbarkeit willen den komplexen sozialen Vorgang einer Konfliktschlichtung in Kategorien zu pressen (Täter, Opfer, Erfolg, Effizienz etc.) und somit am Kern der Sache vorbeigeht. Sie sorgt aber dafür, dass sich ein Verfahren an solchen, scheinbar objektiven Kriterien messen lassen muss. Alles, was nicht messbar ist (also das, was die Leute tatsächlich erleben und was es für sie bedeutet), wird irrelevant.
- Die *Einrichtung des Internationalen Strafgerichtshofs*, welcher für die Friedensstiftung einen Rückschlag darstelle, da sie «die Idee [ge]stärkt, dass Bestrafung die einzige Antwort auf diese Ungeheuerlichkeiten ist, dass Straffreiheit nicht akzeptabel ist und dass bestimmte Personen ein Maximum an absichtlich zugefügtem Leid erfahren sollen, um einen Ausgleich zu erzielen. Internationale Strafgerichtshöfe hindern uns daran, die Konflikte in einer umfassenderen und politisch relevanten Weise zu sehen.»[93]

Ein weiteres Problem ist die *Institutionalisierung*. Anstelle eines weit verbreiteten und in der Bevölkerung bekannten und angewendeten Vorgehens wird RJ mehr und mehr zu einer offiziellen Angelegenheit, mit den entsprechenden Fachstellen, Fachkräften, Regeln, Kontrollen, Vorgaben und somit auch Hürden. «Richter*innen, Bewährungshelfer*innen, Polizist*innen und andere Fachleute bestimmen bereits weitgehend darüber, was die Vorwürfe sind und was nicht, welche Fälle eine Überweisung an RJ-Stellen verdienen und sogar in gewissem Maße über die Rahmenbedingungen der Vereinbarungen zwischen Betroffenen und Beschuldigten. (…) Eine neue Riege an RJ-Profis – Einberufer*innen, Mediator*innen, Trainer*innen und eine veritable ‹Restorative Justice Industrie› (Tauri 2014) – ist auf dem Parkett erschienen. (…) Und so gibt es heute viele Probleme, die jenen ähneln, welche Christie einst in seinem Artikel definiert hatte – RJ-Verfahren, die im Namen der Täterrehabilitierung die Bedürfnisse der Betroffenen nicht angemessen berücksichtigen und die Betroffenen nicht involvieren, RJ-Praktiken, in denen die Interessen der Polizei oder der einberufenden Instanz wichtiger sind als jene der Betroffenen und Beschuldigten, der Ein-

93 Ebd S. 9.

fluss anderer Faktoren auf die Fallüberweisung als der Frage nach dem Konflikteigentum und der Lösungssouveränität der Parteien, oder auch RJ-Verfahren, die Betroffene und Beschuldigte zwar ‹einbeziehen›, ihnen aber auf Grund bereits festgelegter Ergebnisse wenig Spielraum lassen», schreiben William Wood und Masahiro Suzuki.[94]

Das ist wenig überraschend. Diese Phänomene tauchen fast immer auf, wenn der Staat sich einer Sache annimmt und versucht, sie in seine Logik und Form zu pressen. Das Lebendige erstickt in der Regel nach wenigen Atemzügen in der tödlichen Umarmung. Dabei vereinnahmt der Staat die Angelegenheit für seine eigenen Zwecke, mit dem Ergebnis, dass nicht die Strafjustiz verändert wird, sondern diese sich Restorative Justice gefügig macht, anpasst und für ihre Ziele einsetzt. «Das kann dazu führen, dass legalistische Formalitäten und behördliche Kontrollen in restorative Verfahren eindringen. Ursprünglich ging es bei RJ um die freiwillige Begegnung zwischen Verursacher*innen und Verletzten, was Christie als *ihren* Konflikt und *ihren* Prozess zur Klärung *ihrer* Beziehung ansah. Mit der Zeit sind diese Praktiken oft zu einer Art ‹allumfassendem Diversionsmittel› geworden, welche getaktet und reguliert, und dem Umfeld sowie lokaler Lösungsansätze entrissen sind.»[95]

Wie sich das in Deutschland konkret gestaltet, beschreibt Thomas Trenczek sehr anschaulich in seinem Beitrag «Within or outside the system»[96]:

«In Deutschland haben wir von Anfang an versucht, den Täter-Opfer-Ausgleich mit Hilfe von Diversionsmodellen und sogenannten alternativen Erziehungsmaßnahmen für Jugendliche zu etablieren, denn wir waren verständlicherweise auf der Suche nach Akzeptanz und Finanzierung. Und genau das ist auch das Problem. Bezüglich der Reformbemühungen im Strafjustizbereich weisen Feeley und Zehr auf das Problem hin, dass

94 William Wood & Masahiro Suzuki: Are Conflicts Property? Re-Examining the Ownership of Conflict in Restorative Justice. In: Journal for Social and Legal Studies XX (X), 2020, S. 5f., eigene Übersetzung.

95 Brian Steels & Dot Goulding: Restorative and Therapeutic practices and solutions within a non-custodial environment: An issue for fiscally prudent and safer societies. Paper from the ASEAN Plus Three Conference. Bangkok, Thailand. 2013, S. 6, eigene Übersetzung.

96 Elmar Weitekamp & Hans-Jürgen Kerner: Restorative Justice in Context. International Practice and Directions. Willan Publishing, Cullompton, UK 2003, S. 273.

gute innovative Ideen nicht immun gegen *Ko-optierung* durch Kräfte innerhalb des Systems sind. Das Strafjustizsystem scheint so ‹von Eigeninteresse durchdrungen zu sein, so anpassungsfähig, dass es jede neue Idee aufnimmt, umformt und so lange verändert bis sie seinen eigenen Zwecken dient.› (Zehr). Aus organisations-soziologischer Perspektive scheint so eine selbstreferentielle Ko-optierung notwendig zu sein, da jede Alternative für das System als zu bedrohlich erscheint. Und gemäß Feeley und Zehr ist das der Grund, warum einfache Reformbemühungen stets zum Scheitern verurteilt sind.»

Dabei kann es passieren, dass RJ sogar in ihr Gegenteil verkehrt wird, etwa wenn sie nur mehr dazu dient, einer bereits entschiedenen Strafe noch das Deckmäntelchen der Selbstbestimmung überzuwerfen, indem man diese qua Mediation noch durch die Konfliktparteien «absegnen» lässt; oder wenn der Dialog nicht der Klärung des Konflikts sondern der Erziehung der Beschuldigten dienen soll; oder wenn Sanktionen als restorativ bezeichnet werden, weil die verurteilte Person dabei etwas «wiedergutmacht», wie etwa im Fall von Sozialstunden. Letztlich wird Restorative Justice durch die Pervertierung qua Ko-optierung vollends ihres ursprünglichen Sinnes entleert. Der zu enge Kontakt mit dem Staat hat sich schon für viele soziale Bewegung als Falle erwiesen.[97] Am Ende ist vor allem die herrschende Institution gestärkt, da sie sich ihre Kritik einverleibt und als zahnloses Beiwerk wieder ausspukt. Von der Strafjustiz aufs Abstellgleis gestellt, fristet Restoratvie Justice ein irrelevantes Dasein. Weitgehend unbekannt darf sie im niedrigen Prozentbereich sogenannte «Gummibärchenfälle»[98] lösen, sprich

97 Beispiele gefällig? Im Feminismus wurde aus der Abschaffung des Militärs als patriarchaler Institution die Öffnung der Armee auch für Frauen. Die Infragestellung von Heteronormativität und herrschenden Beziehungsnormen durch die Schwule-lesbisch-queer- und Trans-Bewegung wurde die «Homo-Ehe» und die Verrechtlichung von «Regenbogenfamilien» (noch nicht abgeschlossen); aus dem antirassistischen Kampf zur Veränderung der Gesellschaft wurde die Inklusion in die bestehende Gesellschaft; aus dem Kampf gegen die Fabrik wurde die Deregulierung der neoliberalen Arbeitswelt. Etc. Alle Institutionen sind noch da: Militär, Ehe, Lohnarbeit, weiße Vorherrschaft. In neuem Gewand, fettgefressen an ihren Kritiker*innen und kein bisschen bedroht.

98 Begriff der in der deutschen TOA-Landschaft gerne verwendet wird, um die Geringfügigkeit der Delikte zu beschreiben, die im Durchschnitt im deutschen TOA behandelt werden.

sich um geringfügige Krümel kümmern, die ihr vom Tisch der Justiz zufallen und andernfalls eigentlich eingestellt worden wären.

Womit die nächste Gefahr beschrieben wäre, die mit der Implementierung von RJ im Strafjustizsystem einhergeht, das *Net-Widening*, die Ausweitung der sozialen Kontrolle durch neue Formen der Justiz. Tilman Lutz beschreibt dies recht eindringlich für den Fall der neuseeländischen Family Group Conferences (FGC): «Bei genauerem Hinsehen ergibt sich ein Net-Widening-Effekt. Die staatliche Sozialkontrolle wird keineswegs abgebaut, sondern vom Gericht an die FGC verlagert, und dort intensiviert. Mit dieser Verlagerung vom formellen in den ‹kontrolliert informellen› Bereich und der gleichzeitigen Erweiterung tritt zudem der Effekt ein, dass die staatliche Kontrolle das Private – die Familie und den Unterstützerkreis – durchdringt und die informellen Kontrollmechanismen und Ressourcen kontrolliert, befördert und ausnutzt.»[99] Das bedeutet, dass RJ dazu dient, auch dort zu verfolgen, zu regulieren, zu normieren und zu kontrollieren, wo man einst mit einem Seufzer «The kids are alright» gesagt, abgewunken und eingestellt hätte. Das ist nicht nur auf Grund der damit verbundenen Ausweitung der staatlichen Kontrolle problematisch, sondern betreibt auch die Banalisierung von RJ als ein Verfahren, das für Kleinkram zuständig und eigentlich nicht ernstzunehmen ist.

Ein neuseeländischer Jugendlicher bringt seine Erfahrung auf den Punkt: «Es ist anders. Anstatt vor Gericht zu gehen, wirst du von deinen Eltern bestraft.»[100] Damit wäre auch festgestellt, dass die Lösung sich wie eine Strafe anfühlt und also den Kriterien der freien konsensuellen Aushandlung nicht gerecht wird. Tilman Lutz fasst für das neuseeländische Modell zusammen: «Der immanente Konflikt zwischen staatlicher Kontrolle über Familien sowie Täter und den Zielen der Partizipation und des Empowerments der Beteiligten wird weitgehend zugunsten des staatlichen Kontrollbedürfnisses entschieden. Ein Transfer der Macht an die Konfliktbeteiligten ist aufgrund der justiziellen Kontrolle der Ergebnisse und der dominanten Rolle der Professionellen in Struktur und Praxis nur zu geringen Teilen

99 Tilman Lutz: Restorative Justice. Visionäre Alternative oder Version des Alten? Diplomarbeit. S. 76.

100 Ebd.

gelungen.»[101] Lutz' Arbeit ist von 2002, es heißt, seitdem habe sich in Aotearoa Vieles zum Besseren gewendet.

RJ-Vermittler*innen, die sich diese Prozesse nicht bewusst machen, kritisch reflektieren und vor allem aktiv dagegen arbeiten, machen sich der Kollaboration mit der Indienstnahme von RJ für fremde Zwecke schuldig. Sie werden gewissermaßen zu «embedded RJ-Praktiker*innen» – in Anlehnung an die Analyse von Juan M. Tauri, der die «positivistische, eurozentrische, staatlich geförderte Kriminologie» als «embedded criminology» bezeichnet, da sie die Definitionen des Staates übernimmt, sich so den Rahmen diktieren lässt und dabei unablässig bemüht ist, ihre Nützlichkeit zu beweisen.[102] Ähnliches hatten auch die kritischen Kriminolog*innen der sechziger und siebziger Jahre gemeint, als sie die gewöhnliche Kriminologie als «Legitimationswissenschaft» bezeichneten.[103] Viele RJ-Programme befinden sich in exakt dieser Situation: Sie lassen sich von der Justiz durch die Prozessakten die Definition des Problems vorschreiben, per Entscheidung für oder gegen eine Fallüberweisung ihre Zuständigkeit beurteilen und arbeiten gleichwohl unermüdlich mit Hilfe von Statistiken und Studien über Rückfälligkeitsquoten und Opferzufriedenheit an der Beweisführung zu ihrer Nützlichkeit und Effizienz.

Aus dieser Position der Unterwerfung heraus gewinnt man sicherlich keinen Blumentopf, vielmehr riskiert man die eigene Verächtlichmachung. Restorative Justice braucht nicht in den Untergrund zu gehen, um die eigene Integrität zu erhalten, es würde schon reichen, einen Sicherheitsabstand zu Justiz- und Sozialbehörden einzuhalten.

---

101 Ebd.

102 Siehe Juan Marcellus Tauri: Indigenous Critique of Authoritarian Criminology. In: Kerry Carrington, Matthew Ball, Erin O'Brian & Juan M. Tauri (Hg): Crime, Justice and Social Democracy. International Perspectives, Palgrave Macmillan, London 2013, S. 217–233.

103 Vgl. Dorothee und Helge Peters: Legitimationswissenschaft. Zur sozialwissenschaftlichen Kritik an der Kriminologie und an einen Versuch, kriminologische Theorien zu überwinden, in: Arbeitskreis Junger Kriminologen, Kritische Kriminologie. Positionen, Kontroversen und Perspektiven, München 1974, S. 113–131.

Kapitel 7
Leitfaden für Betroffene und Beschuldigte: How to Täter-Opfer-Ausgleich

«Eine zunächst streitige Problemlage durch eine einvernehmliche Lösung zu bewältigen, ist auch in einem Rechtsstaat grundsätzlich vorzugswürdig gegenüber der richterlichen Streitentscheidung.»
Bundesverfassungsgericht, Karlsruhe 2007

Die in Deutschland, Österreich und der Schweiz angebotene Mediation in Strafsachen ist sozusagen die nackteste Form von Restorative Justice, weil sie sich nur auf die Kernbeteiligten eines strafrechtlich relevanten Konfliktes bezieht. In diesem Kapitel beschreibe ich besonders die deutsche Situation, beleuchte aber auch Aspekte in Österreich und der Schweiz. Ich gebe Hilfestellung für Betroffene und Beschuldigte und kommentiere die rechtliche und politische Situation, in der sich dieses «Instrument der Strafrechtspflege» derzeit befindet.

Neben meinem eindringlichen Plädoyer dafür, restorative und transformative Verfahren *selbstorganisiert* einzusetzen, um im eigenen Umfeld schmerzhafte Konflikte und strukturelle Ungerechtigkeiten anzugehen, halte ich es ebenso für nötig und sinnvoll, das Instrument, das der Staat zur Verfügung stellt, ausgiebig zu nutzen. Nicht nur, weil es gut tun kann, sondern auch, weil damit die Nutzung und Einforderung dieses Angebots, das vielerorts ein Schattendasein fristet, für staatliche Instanzen sichtbar und so das punitive Paradigma öfter in Frage gestellt wird. Auch wird der TOA selbst durch intensivere Nutzung angeregt, sich weiterzuentwickeln.

Rechtliche Grundlagen in DACH[104]

Deutschland

TOA ≠ Mediation in Strafsachen

Die deutsche Rechtsprechung erkennt sämtliche Formen von Wiedergutmachungsbemühungen und Schadensausgleich zwischen Beschuldigten und Geschädigten als «Täter-Opfer-Ausgleich» an, solange ein kommunikativer Prozess stattgefunden hat und eine Wiedergutmachung vereinbart wurde. Das bedeutet, dass auch alle Formen selbstorganisierter Tatfolgenregulierung als TOA anerkannt werden, mit den entsprechenden rechtlichen Folgen: Möglichkeit der Einstellung des Verfahrens bzw. der Strafminderung. Es bedeutet auch, dass Angebote des TOA durch Richter*innen oder andere Stellen gemacht werden können und nicht nötigerweise Mediator*innen involvieren. Das ist sehr ambivalent, da es einerseits eine große Freiheit bietet, andererseits aber die Gefahr von Pfuscherei besteht. Die Mediation in Strafsachen ist eine besondere, professionelle Form der Konfliktvermittlung mit hierfür speziell ausgebildeten Mediator*innen, deren Kosten vom Staat getragen werden (je nach Bundesland unterschiedlich organisiert).

Für den TOA kommen mehrere Gesetze zur Anwendung:

In § 155 a und b der Strafprozessordnung (StPO) ist geregelt, dass die Strafverfolgungsorgane einen Fall an eine Vermittlungsstelle für eine außergerichtliche Konfliktklärung überweisen dürfen. Dabei werden keinerlei Einschränkungen bezüglich Schwere der Tat, Deliktsart oder Zeitpunkt während des Verfahrens (zwischen Moment der Anzeige und Urteilsverkündung) gemacht. Die Ausgleichsstelle ist gegenüber dem Gericht bzw. der Staatsanwaltschaft in erforderlichem Umfang berichtspflichtig. In der Regel bedeutet das, dass über die Rahmenbedingungen (Zeitpunkt, Ort, Mediationsergebnis) berichtet wird. Über den Inhalt der Gespräche selbst besteht Schweigepflicht mit Ausnahme einer Zeug*innenaussage vor Gericht, was aber selten vorkommt. (Mediator*innen fordern seit Langem ein Zeugnisverweigerungsrecht, für das Vertrauensverhältnis zu den Klient*innen ist das ein wichtiger Punkt. Viele Mediator*innen

104 Deutschland, Österreich und der Schweiz

wenden ein, dass sie sich Monate später ohnehin nicht an Details in Ausgleichsgesprächen erinnern können.)

Das Verfahren kann dann eingestellt (§153a StPO) oder die Strafe gesenkt werden (§§ 46, 46a, 49 Abs1 Strafgesetzbuch). Im Jugendbereich gelten die gleichen Grundsätze, geregelt in §§ 45 und 47 des Jugendgerichtsgesetzes (JGG).

Nach einer Verurteilung gilt das Strafvollzugsgesetz des jeweiligen Bundeslands. Einige Bundesländer sehen inzwischen ebenfalls eine Unterstützung von «tatfolgenausgleichenden Maßnahmen» vor (etwa: §21 LStVollzG Schleswig Holstein). Eine erfolgreiche Mediation kann sich entsprechend positiv auf die weitere Strafvollstreckung auswirken.

Das 3. Opferrechtsreformgesetz von 2015 leistet EU-Vorgaben Folge, gemäß derer Betroffene über die Möglichkeit eines Täter-Opfer-Ausgleichs informiert werden müssen (siehe EU Opferschutzrichtlinie unten). Im neuen §406i StPO-E zur «Unterrichtung des Verletzten über seine Befugnisse im Strafverfahren» heißt es: «Verletzte sind möglichst frühzeitig, regelmäßig schriftlich und soweit möglich in einer für sie verständlichen Sprache auf ihre aus den §§ 406d bis 406h folgenden Befugnisse im Strafverfahren und insbesondere auch auf Folgendes hinzuweisen: [...] sie können nach Maßgabe des § 155a einen Täter-Opfer-Ausgleich erreichen.» Wie diese Informationspflicht konkret auszugestalten ist, geht aus dem Gesetzesvorschlag nicht hervor.

Österreich

In Österreich gibt es die Besonderheit, dass landesweit der Verein «Neustart» mit der Durchführung der hier «Tatausgleich» (TA) genannten Mediation in Strafsachen beauftragt ist, und zwar sowohl im Jugendstrafrecht als auch im Erwachsenenstrafrecht. Anders als in Deutschland ist die Anwendung eines TAs beschränkt: Es darf keine besonders schwere Schuld festgestellt worden und kein Mensch zu Tode gekommen sein und die Strafobergrenze bei Erwachsenen darf nicht mehr als fünf Jahre betragen, da die erfolgreiche Durchführung eines TAs zur Einstellung des Verfahrens führt. Bestimmend ist hierfür §198 StPO (entsprechend §7 Jugendgerichtsgesetz). §204 der StPO definiert und regelt die Zuweisung, die Umstände und den Ablauf des TAs für Erwachsene und Jugendliche. Die Staatsanwaltschaft wird als die hauptsächlich zuweisende Instanz definiert, auch das Gericht kann einen TA anregen – vor allem wenn es sich um schwerere Fälle handelt, hat nur das Gericht diese Möglichkeit. Seit kurzem bestimmt §206 StPO die Rechte und den Schutz von Opfern im Strafverfahren (Implementierung der EU-Opferschutzrichtlinie). Darin wird ausdrücklich erwähnt, dass Opfer auf die Möglichkeit von Wiedergutmachungsverfahren hinzuweisen sind sowie informiert werden müssen, wenn die Beschuldigten zu einem Tatfolgenausgleich oder einer Schadensregulierung bereit sind.

Schweiz

Das Schweizer Strafrecht enthält einige restorative Elemente, allerdings handelt es sich bis jetzt bloß um rechtliche Fragmente und nicht um ausgearbeitete Formen von Restorative-Justice-Verfahren. Lediglich im Kanton Zürich wurde die Mediation im Erwachsenenstrafrecht 2007 gesetzlich verankert. Seit Inkrafttreten der Schweizerischen Strafprozess- und Jugendstrafprozessordnung am 1. Januar 2011 ist die Mediation landesweit nur noch im Jugendstrafrecht ausdrücklich geregelt (Art. 5 Abs. 1 lit. b und Art.17 JStPO/CH): Hier hat die zuständige Strafbehörde zwingend von der Strafverfolgung abzusehen, wenn die Mediation erfolgreich abgeschlossen werden konnte (Art. 5 Abs. 1 lit. b Jst- PO/CH). Dies gilt sowohl bei Antrags- als auch bei Offizialdelikten. Allerdings kennt das Gesetz keine Definition der Mediation. Hinzu kommt, dass die Kriterien der Fallzuweisung nirgends definiert sind.

Im Erwachsenenstrafrecht ist die Mediation seit 2011 nicht mehr gesetzlich geregelt, daher kommt es hier grundsätzlich nur auf private Initiative hin und im Zusammenhang mit weniger gravierenden Delikten zu einer Mediation. Je nach Einzelfall können die Anstrengungen der beschuldigten Person im Rahmen der Strafzumessung berücksichtigt werden und sich strafmindern (Art. 47 StGB/CH), mildernd (Art.48 lit. d StGB/CH) oder gar strafbefreiend (Art. 53 StGB/CH) auswirken.

Allerdings gibt es seit 2007 die Möglichkeit der «Wiedergutmachung» laut Art.53 StGB/CH. Er verpflichtet die zuständige Behörde unter der Voraussetzung, dass «der Täter den Schaden gedeckt oder alle zumutbaren Anstrengungen unternommen [hat], um das von ihm bewirkte Unrecht auszugleichen», zum

Absehen von einer Strafverfolgung, einer Überweisung ans Gericht oder einer Bestrafung, sofern außerdem «das Interesse der Öffentlichkeit und des Geschädigten an der Strafverfolgung gering sind». Da kein gesetzlicher Straftaten- oder Täterkatalog den Anwendungsbereich der «Wiedergutmachung» einschränkt, ist sie grundsätzlich bei allen Straftaten anwendbar. Außerdem ist die Anwendung der Wiedergutmachung nicht auf ein Verfahrensstadium beschränkt. Im Gegensatz zur Lehre und anders als der Wortlaut der einschlägigen strafprozessualen Vorschrift von Art. 8 Abs. 1 und 4 StPO/CH, ist das Bundesgericht aber der Auffassung, dass Gerichte das Verfahren nicht einstellen dürfen, sondern dann allenfalls einen Schuldspruch unter Strafverzicht auszusprechen haben. Das Institut der Wiedergutmachung findet sich auch im Jugendstrafrecht (Art. 21 Abs. 1 lit. c JStG/CH i.V.m. Art.Ê16 lit. b JStPO/CH).

EU und UNO

- «*Richtlinie 2012/29/EU* des Europäischen Parlaments und des Rates über Mindeststandards für die Rechte, die Unterstützung und den Schutz von Opfern von Straftaten» (Opferschutzrichtlinie der EU). Die Opferschutzrichtlinie ist auf Grund ihrer Verbindlichkeit das wichtigste rechtliche Instrument zur Regelung von RJ-Verfahren in der EU. Tatsächlich beinhaltet sie eine weite Definition der «Wiedergutmachungsdienste» genannten RJ-Verfahren, verpflichtet die Mitgliedstaaten, Opfern RJ-Dienste zugänglich zu machen, Opfer über die Verfügbarkeit von Restorative-Justice-Verfahren zu informieren, die Überweisung zu entsprechenden Fachstellen zu regeln und bestimmte Schutzrechte für Opfer von Straftaten gegenüber RJ zu garantieren. Artikel 12 will zudem sicherstellen, «dass die Opfer, die sich für die Teilnahme an einem Wiedergutmachungsverfahren entscheiden, Zugang zu sicheren und fachgerechten Wiedergutmachungsdiensten haben». Die Opferschutzrichtlinie ist verbindlich für die Mitgliedsstaaten, leider sind die Formulierungen zu RJ so schwammig gehalten, dass sich daraus kein Rechtsanspruch von Opfern auf RJ ableiten lässt, was unweigerlich zu einem erheblichen Ausbau der Infrastruktur führen würde. Mein Misstrauen gegenüber Bürokratien lässt mich ohnehin daran zweifeln, dass aus einer solchen Top-down-Umsetzung etwas Brauchbares entstehen wird.

- Die «*Empfehlung Nr. R (1999) 19* des Ministerkomitees über die Mediation in Strafsachen» und
- die «*Empfehlung Nr (2018) 8* des Ministerkomitees über Restorative Justice im strafrechtlichen Kontext» (CM Rec (2018) 8 concerning Restorative Justice in criminal matters) sowie
- die «*UN-Grundprinzipien für den Einsatz von Programmen der ausgleichsorientierten Justiz in Strafsachen» (2002)* definieren restorative Prozesse und restorative Ergebnisse sowie die Grundprinzipien der Anwendung von RJ.

Fallstricke und Hürden

Die punitive Einstellung vieler Angehöriger der Strafverfolgungsbehörden sowie ihre mangelnde Bereitschaft, Mediation als echte und sinnvolle Alternative zu akzeptieren und also ein wenig von ihrer Macht über die Interpretation, Einordnung und Behandlung einer Straftat abzugeben, stellen echte Hürden bei der Entwicklung von Restorative Justice international und allgemein und von TOA im DACH-Raum im Besonderen dar. Dazu kommt, dass die meisten Jurist*innen und Polizist*innen von der Existenz des TOA gar nichts wissen, da er in ihrer Ausbildung quasi nicht vorkommt. Nach meiner Einschätzung erklären sich die geringen Fallzahlen im TOA[105] vor allem durch diese

---

105 Vgl.: Arthur Hartmann, Marie Schmidt & Hans-Jürgen Kerner: Täter-Opfer-Ausgleich in Deutschland. Auswertung der bundesweiten Täter-Opfer-Ausgleich-Statistik für die Jahrgänge 2017 und 2018, Bericht für das Bundesministerium der Justiz und für Verbraucherschutz, Forum Verlag Godesberg GmbH, Mönchengladbach 2020, S. 85: «Nicht übersehen werden darf freilich, dass bezogen auf die Jahre 2009 bis 2018 insgesamt 33.5 Mio. seitens der Polizei aufgeklärter Straftaten nur TOA-Fälle mit 72.924 Beschuldigten gegenüberstehen.» Das wären 0,2 %. International sieht die Situation ähnlich aus und es wird immer wieder von Fallzahlen zwischen 1-3 % der Strafverfahren gesprochen, was sich auch daraus erklärt, dass nicht alle Strafverfahren sich für den TOA eignen (z. B. Steuerdelikte oder andere opferlose Delikte), die Betroffenen und Beteiligten nicht immer zustimmen und nicht alle TOAs Eingang in die Statistik finden. Für 2018 haben sich 72 TOA-Fachstellen an der Statistik beteiligt und 7367 Fälle übermittelt. An anderer Stelle schreiben Hans-Jürgen Kerner & Elmar Weitekamp (Praxis des Täter-Opfer-Ausgleichs in Deutschland, Bundesministerium der Justiz, Berlin 2013, S. 12), dass sie von knapp 450 TOA-Einrichtungen in Deutschland

drei Faktoren (Unwissenheit, Hang zur Punitivität, Machtausübung) und nicht durch die immer wieder beklagte Arbeitsüberlastung bei den Staatsanwaltschaften und Gerichten, die eine Aktenprüfung auf TOA-Eignung nicht zulässt. Dafür muss man sich nur die Anzahl der (z.T. politisch motivierten) Verfolgung von Bagatelldelikten (Rauschmittelbesitz von Kleinstmengen, Leistungserschleichung durch Fahren ohne Fahrschein, Lebensmitteldiebstahl, Beleidigung, Verstöße gegen das Versammlungsgesetz oder Konstruieren von 129a-Verfahren[106] bei Antifagruppen etc.) ansehen. Wer sich weniger Arbeit machen will, hätte hier eine Menge Spielraum durch Einstellung wegen «Geringfügigkeit» oder schlicht durch Unterlassen von Problemerfindung, ohne dass ein Zusammenbruch des Staatswesens zu befürchten wäre. Auch durfte ich quasi einem juristischen Aufstand beiwohnen, als auf dem TOA-Forum in Trier 2014 es jemand wagte, vorzuschlagen, doch eine automatische Überweisung an den TOA zu organisieren und von hier nur noch jene Fälle an die Strafverfolgung weiterzuleiten, die *nicht* geeignet sind bzw. nicht zustande kommen (wie es in Neuseeland im Jugendbereich bereits passiert). Der damit verbundene Machtverlust war unerträglich für die versammelten Jurist*innenschaft.

Dazu kommt die mangelnde politische Unterstützung, die mit handfesten Mittelbereitstellungen einhergeht. Bei opportunen Anlässen wird RJ/TOA von Politiker*innen gerne über den grünen Klee gelobt, wenn es aber um Finanzierung und Umsetzung geht, herrscht Schweigen im Walde. Das führt dazu, dass es in Deutschland Bundesländer gibt, in denen nur eine einzige TOA-Fachstelle für Erwachsenenstrafrecht existiert (Mecklenburg-Vorpommern; in Sachsen gibt es nur drei und im Saarland zwei, welche jeweils nicht unabhängig, sondern bei den Sozialen Diensten der Justiz angesiedelt sind), sowie dazu, dass die Finanzierung des TOA in mehreren Bundesländern (Bayern, Rheinland-Pfalz) allein durch Bußgeldzuweisungen von Gerich-

ausgehen, wobei sich aber diejenigen, die viele Fälle bearbeiten, auch am meisten an der Statistik beteiligen. Man kann also schon von einer, wenn auch unproportional, höheren Zahl von TOA-Fällen ausgehen, so dass sich der Anteil der TOA-Fälle an theoretisch geeigneten Stafverfahren möglicherweise aus dem 0,-Bereich in Richtung 1 % oder sogar darüber hinaus bewegt.

106 «Mitgliedschaft in einer terroristischen Vereinigung».

ten und Spenden finanziert wird und sich in anderen Bundesländern wenige Trägervereine um knappe Mittel schlagen.

Bei einer telefonischen Sondierung durch das TOA-Magazin im Jahr 2014 kam heraus, dass viele im Internet auffindbare Einrichtungen für Täter-Opfer-Ausgleich mit Selbstmelder*innen nichts anzufangen wussten, z.T. seit Langem keine Fälle bearbeitet hatten oder gar nicht erst erreichbar waren.[107]

107 Siehe Redaktion TOA-Magazin: «Betroffenenorientierung bei SelbstmelderInnen». TOA-Magazin Nr. 3/2014, S. 16 ff.

Hilfestellung

An folgende Stellen kann eine Person sich wenden, wenn für einen TOA bzw. eine Mediation in Strafsachen Interesse besteht. Hier werden Interessent*innen zuverlässig mit den richtigen Informationen versorgt und unterstützt. Ich habe in Medienberichten oder auf der Homepage von Anwält*innen, Beratungsstellen und anderen unpräzise oder im Detail inkorrekte Informationen gefunden. Bei manchen Fragen sind die Details nämlich durchaus nicht trivial. Es macht schon einen Unterschied, ob man ein Geständnis ablegen muss oder nicht, um als beschuldigte Person an einem TOA teilzunehmen. Deswegen empfehle ich, sich zunächst hier zu informieren und sich ggf. an kompetente Stellen weiterempfehlen zu lassen.

TOA Servicebüro
Aachener Str 1064
50858 Köln
0221 948 65 122
info@toa-servicebuero.de
www.toa-servicebuero.de

Tatausgleich und Konsens e.V.
Erthalstr. 2
55118 Mainz
06131 2877715
www.tatausgleich.org
mail@tatausgleich.org

Neustart Österreich
Vereinszentrale
Castelligasse 17
1050 Wien
01-545 95 60
www.neustart.at
beratung@neustart.at

Swiss RJ Forum
swissrjforum@gmail.com
076 746 12 88
Schweiz

Anleitung konkret

Wenn Du jemals Opfer einer Straftat wirst oder angeklagt bist, eine solche begangen zu haben, überlege doch mal, ob es nicht interessant wäre, die andere Partei in einem sicheren und organisierten Rahmen von Angesicht zu Angesicht zu treffen. In manchen Fällen sind übrigens auch sogenannte «Shuttle-Mediationen» sinnvoll, dann vermitteln die Mediator*innen zwischen den Konfliktparteien indirekt, ohne Treffen von Angesicht zu Angesicht. Das kann ein Vorgang sein, der einem gemeinsamen Gespräch vorausgeht oder dieses ersetzt.

Wenn du betroffen bist:

- Hast du vielleicht Fragen an die tatverantwortliche Person?
- Wäre es für dich heilsam, diesem Menschen direkt zu sagen, was seine Handlung bei dir ausgelöst hat und wie es dir heute geht?
- Gibt es etwas, das diese Person für dich tun kann, oder hast du Schadensersatz- oder Schmerzensgeldforderungen?
- Wie wäre es für dich, wenn sich die Person bei dir von Angesicht zu Angesicht entschuldigt?
- Würdest du gerne darauf einwirken, dass die Person eine solche Handlung nicht wiederholt, bei dir oder jemand anderem?

Sollten dich diese Fragen ansprechen, ist eine Mediation in Strafsachen möglicherweise etwas für dich. Es gibt natürlich keine Garantie, dass das Verfahren zustande kommt, denn die beschuldigte Person muss ja auch dazu bereit sein. Die Art und Weise, wie das Verfahren gestaltet wird und wo es stattfindet, besprichst du mit der Mediator*in in einem oder mehreren Vorgesprächen. Überleg dir, was du brauchst, um dich sicher zu fühlen und frage lieber einmal zu viel nach, als daß etwa unklar bleibt, das dir Bauchschmerzen bereitet. Es ist wichtig, dass du eine Vorstellung davon hast, was auf dich zukommt, und dass das für dich so passt. Vielleicht ist es für dich gut, eine Unterstützungsperson mitzubringen. Oder eine bestimmte Sitzordnung zu haben. Hast du ein gutes Gefühl mit der Mediator*in oder bräuchtest du vielleicht eine Person des gleichen oder eines anderen Geschlechts oder Hintergrunds? Es ist nicht klar, ob die Einrichtung, die die Mediation durchführen soll, deinem Bedürfnis nachkommen kann, denn der Personalpool ist vermutlich begrenzt. Aber sprich es lieber an. Schlucke nichts runter.

Natürlich ist das aufregend. Nervös sein ist o.k., wenn du aber große Bedenken hast, ist es besser, noch einmal nachzuspüren. Ist es der richtige Zeitpunkt? Stimmen die Parameter? Fehlt dir noch etwas, um dich besser zu fühlen? Besprich dich mit einer Vertrauensperson, um Klarheit zu bekommen, oder nimm professionellen Rat in Anspruch, wie etwa bei einer Rechtsanwält*in oder einer Opferberatungsstelle, wenn du dir nicht sicher bist.

Denke dran: Du kannst jederzeit unterbrechen oder abbrechen. Du bist freiwillig in der Mediation. Du musst gar nichts.

Um einen TOA zu bekommen, kannst du bereits bei der Polizei bei deiner Aussage mitprotokollieren lassen, dass du einen TOA wünschst. Bestehe darauf, denn die Polizist*innen nehmen das nicht immer ernst, leider. Das bedeutet nun bedauerlicherweise noch lange nicht, dass die Staatsanwaltschaft deinem Wunsch folgen und die Akte an eine TOA-Fachstelle[108] abgeben wird. Es ist nicht gesagt, dass du mitbekommst, wenn die Akte an die Staatsanwaltschaft überwiesen wurde, daher hast du hier leider nicht viele Möglichkeiten der Einflussnahme. Sobald das Gericht das Hauptverfahren eröffnet, kannst du noch einmal auf deinen Wunsch hinweisen. Es kann sein, dass die Richter*in sich sträubt. Dann suche dir Unterstützung bei einer TOA-Fachstelle oder hole dir Hilfe durch eine*n Anwält*in. Denk dran, du bist in einem Strafverfahren nur Zeug*in. Wenn deine Anwesenheit nicht nötig ist, wirst du nicht geladen und gehört. Je nach dem kann es sogar sein, dass du gar nicht davon erfährst, wann die Verhandlung stattfindet. Bei schweren Straftaten (sog. Verbrechen) hast du die Möglichkeit der Nebenklage, das gibt dir mehr Einfluss auf und Einblick in das Verfahren. Für die Nebenklage brauchst du eine Anwält*in, die Kosten übernimmt der Staat. Ein*e Anwält*in kann helfen, das Gericht von der Durchführung eines TOA zu überzeugen.

Du kannst auch, nach Anzeigeerstattung, direkt eine TOA-Fachstelle in deiner Nähe kontaktieren und dich dort «selbstmelden». Mit Hilfe des Aktenzeichen kann sich die Fachstelle dann ihrerseits um die Fallübernahme bemühen.

---

108 Eine Mediationsstelle, die zur Durchführung eines TOAs beauftragt/akkreditiert ist. Je nach Bundesland ist das sehr unterschiedlich organisiert, ein Überblick findet sich auf toa-servicebuero.de.

Wenn du beschuldigt bist:

- Bist du im Nachhinein unzufrieden mit deiner Handlung, bereust sie vielleicht sogar?
- Hast du den Wunsch, dich zu entschuldigen?
- Würdest du der betroffenen Person gerne erklären, wie es zu deiner Handlung kam und zeigen, dass du kein schlechter Mensch bist, sondern einen Fehler gemacht hast?
- Würdest du lieber Wiedergutmachung leisten als bestraft werden?

Wenn dir einige dieser Fragen interessant vorkommen, ist eine Mediation in Strafsachen vielleicht etwas für dich. Es gibt natürlich keine Garantie, dass das Verfahren zustande kommt, denn die betroffene Person muss ja auch dazu bereit sein. Die Art und Weise, wie das Verfahren gestaltet wird und wo es stattfindet, besprichst du mit der Mediator*in in einem oder mehreren Vorgesprächen. Überleg dir, was du brauchst, um dich sicher zu fühlen und frage lieber einmal zu viel nach, als dass etwas unklar bleibt. Es ist wichtig, dass du eine Vorstellung davon hast, was auf dich zukommt, und dass das für dich so passt. Vielleicht ist es für dich gut, eine Unterstützungsperson mitzubringen. Hast du ein gutes Gefühl mit der Mediator*in? Sprich es lieber an. Schlucke nichts runter.

Natürlich ist das aufregend. Nervös sein ist ok, wenn du aber große Bedenken hast, ist es besser, noch einmal nachzuspüren. Ist es der richtige Zeitpunkt? Stimmen die Parameter? Wozu kannst du stehen, wozu nicht? Fühlst du Scham oder Argwohn und vielleicht sogar Ärger auf die betroffene Person? Bist du bereit, dich zu konfrontieren, auch wenn es schwer ist – mit der Aussicht, dich danach freier zu fühlen und es für dich abschließen zu können?

Besprich dich mit einer Vertrauensperson, um Klarheit zu bekommen, oder nimm professionellen Rat in Anspruch, wie etwa bei einer Rechtsanwält*in. Denk dran: du kannst jederzeit unterbrechen oder abbrechen. Du bist freiwillig dort. Auch wenn du beschuldigt bist, bist du ein Mensch mit Rechten, dessen Wohlergehen wichtig ist.

Um einen TOA zu bekommen, kannst du dies bei der Polizei zu Protokoll geben, wenn du vernommen wirst und eine Aussage machst (du hast das Recht, die Aussage zu verweigern[109]).

---

109 §136 StGB, enthält auch den Hinweis auf die Informationsmöglichkeit zum TOA. Art 8 EMRK Österreich, Art 31 Bundesverfassung CH und Art

Die Voraussetzung zu einem TOA ist, dass du einräumst, im weitesten Sinne etwas mit der Sache zu tun zu haben. Du musst in der Regel kein Geständnis ablegen, und eine Einwilligung zum TOA darf dir nicht als Geständnis ausgelegt werden[110]. Das bedeutet auch, dass du einen TOA machen kannst, selbst wenn du mit den Anklagepunkten nicht einverstanden bist, weil sie im Detail nicht deiner Wahrnehmung dessen entsprechen, was passiert ist. Es geht allerdings um Verantwortungsübernahme. Wenn du findest, dass gar nichts stimmt und du die Wahrnehmung der betroffenen Person total abstreitest, macht ein TOA keinen Sinn.

Deine Angabe bei der Polizei bedeutet nun leider noch lange nicht, dass die Staatsanwaltschaft deinem Wunsch folgen und die Akte an eine TOA-Fachstelle überweisen wird. Wenn du also Post von der Staatsanwaltschaft bekommst, dass das Verfahren eröffnet wurde, hake hier noch einmal nach und erinnere daran, dass du ein TOA-Verfahren wünschst. Wenn es jetzt immer noch nicht klappt und das Gericht das Hauptverfahren eröffnet, hast noch einmal die Möglichkeit, das Gericht auf deinen Wunsch hinzuweisen. Es kann sein, dass dein*e Richter*in sich sträubt. Dann suche dir Unterstützung bei einer TOA-Fachstelle oder hole dir Hilfe durch eine*n Anwält*in, wenn du nicht ohnehin eine*n hast.

Ein erfolgreich abgeschlossener TOA kann sich strafmildernd oder verfahrenseinstellend auswirken. Das Gericht muss in seiner Urteilsbegründung darauf eingehen, tut es das nicht, ist das ein Verfahrensfehler und somit Revisionsgrund. Oft übernehmen Gerichte die Vereinbarungen aus der Mediation in ihr Urteil, was sinnvoll ist. Damit wird eure Bemühung gewürdigt

158 StPO CH.

110 In Schönke/Schröder Strafgesetzbuch: *StGB Kommentar.* CH Beck, München 2019 steht auf Seite 835 zu §46a: «Der TOA setzt im Allgemeinen voraus, dass der Täter sich gegenüber dem Opfer zu seiner Schuld bekennt; ein uneingeschränktes Geständnis ist jedoch nicht unbedingt erforderlich.» Die Leitlinie ist etwa: bei Gewalt- und Sexualdelikten wird ein Geständnis vorausgesetzt, bei anderen Delikten nicht. Von Gesetzes wegen ist ein Geständnis nur dann erforderlich, wenn die StA das Verfahren bei Jugendlichen oder Heranwachsenden nach § 45 Abs. 3 bzw. § 47 Abs. 1 Nr. 3 JGG einstellen will. Selbst die Einstellung nach § 153a StPO setzt kein Geständnis voraus, sondern nur die Zustimmung des Beschuldigten zu dieser Vorgehensweise (eine Prozesserklärung).

und du wirst verpflichtet, das zu tun, was du ohnehin bereit warst, zu tun – und manchmal kommt dann noch eine Strafe obendrauf, wenn der Staat deine Handlung für zu schwerwiegend erachtet.

Du kannst auch nach Erhalt der Anzeige direkt eine TOA-Fachstelle in deiner Nähe kontaktieren und dich dort «selbstmelden». Mit Hilfe des Aktenzeichen kann sich die Fachstelle dann ihrerseits um die Fallübernahme bemühen.

Für Betroffene und Beschuldigte

Es kann sein, dass du in einem Bundesland lebst oder das Verfahren in einem Bundesland stattfindet, in dem es so gut wie keine TOA-Fachstellen gibt. In diesem Fall wird es kompliziert. Wenn du nicht aufgeben willst, kannst du schauen, ob du mit Hilfe von TOA-Fachleuten und eine*r Anwält*in darauf drängen kannst, dass eine (ehrenamtliche) TOA-Struktur aus einem anderen Bundesland einspringt, sofern dazu jemand bereit ist. Du kannst auch versuchen, selbst eine Mediation zu organisieren (die du dann leider auch selber bezahlen musst). Sollte die andere Partei zustimmen und ihr eine außergerichtliche Mediation durchführen und eine Mediationsvereinbarung abschließen, könnt ihr das bei Gericht eingeben. Es muss in der Urteilsbegründung berücksichtigt werden. Solch ein schwieriges Szenario würde ich jedoch nicht ohne Unterstützung durch TOA-Profis wie etwa vom TOA-Servicebüro, dem Verein «Tatausgleich und Konsens» oder fitten Anwält*innen angehen.

Hinweis: TOA gibt es nur für Delikte, bei denen eine Person geschädigt wurde. Sogenannte opferlose Delikte wie Drogenhandel oder Straftaten gegen den Staat können nicht in einem TOA verhandelt werden.

Verfahrensstandards

Das TOA-Servicebüro und der Dachverband der TOA-Fachstellen in Deutschland «BAG TOA» geben regelmäßig revidierte «TOA-Standards»[111] heraus, welche die Bedingungen und Umstände

---

111 TOA-Servicebüro und BAG-TOA: STANDARDS Mediation in Strafsachen im Rahmen des Täter-Opfer-Ausgleichs, 7. überarbeitete Auflage, Köln 2017.

eines Täter-Opfer-Ausgleichsverfahren in Deutschland definieren. Sie sind, leider, nicht verpflichtend für die Fachstellen.[112]

Zu den darin definierten Bedingungen zählen die Voraussetzungen:

1. Die Teilnahme ist für Geschädigte und Beschuldigte freiwillig, der Einsatz von Zwang ist unzulässig.
2. Eine Mediation ist zu jedem Verfahrenszeitpunkt und unabhängig von der Schwere der Straftat möglich.
3. Die Mediation kann von den Organen von Exekutive und Judikative und von den Konfliktparteien selbst initiiert werden.
4. Das Ergebnis der Mediation kann nicht vorgegeben werden, sondern wird selbstbestimmt und eigenverantwortlich von den Konfliktparteien entwickelt.
5. Die Reviktimisierung der geschädigten Person ist zu vermeiden.

Falleignung: ein Fall ist geeignet, wenn die geschädigte Partei eine konkrete Person ist und die beschuldigte Person Anzeichen von Verantwortungsübernahme zeigt.

Als Verfahrensziele werden genannt:

1. Die Autonomie der Konfliktbeteiligten wird gewährleistet.
2. Beide Seiten sehen ihre Anliegen als berücksichtigt an.
3. Getroffene Absprachen werden von beiden Parteien als gerecht und angemessen empfunden.
4. Der Konflikt wird einvernehmlich beigelegt.
5. Die Vereinbarungen werden eingehalten.
6. Folgekonflikte und Konfliktfolgen werden reduziert.

112 Die TOA-Struktur in Deutschland ist kompliziert, bundeslandabhängig und die einzelnen ausführenden Einrichtungen vor Ort von sehr unterschiedlicher Qualität. In Österreich ist es ein bisschen einfacher, da gibt es den Verein «Neustart» als ausführendes Organ.

Kapitel 8
Auf dem Weg in eine Gesellschaft ohne Strafe.

«Preguntando caminamos –
fragend schreiten wir voran.»
Motto der zapatistischen Bewegung

Restorative Justice ist kein Allheilmittel für alle sozialen Übel, schreibt Lode Walgrave.[113] Sie ist kein Ersatz dafür, auf dem politischen Parkett Veränderungen zu erkämpfen, gegen Zerstörung Widerstand zu leisten oder kaputt zu machen, was uns kaputt macht. Doch in diesen sozialen Prozessen braucht es eine andere Form des Umgangs mit Leidzufügung und Gewalt. Es braucht eine dynamische Vision von Entwicklung und Komplexität, die dem statischen Denken in Zuständen und Zuschreibungen etwas entgegensetzt. Und es braucht eine andere Idee von Gerechtigkeit, die diese nicht als einen absoluten Zustand begreift, sondern als einen Weg, als einen leitenden Stern für Transformation, als etwas, dass sich in der Praxis zwischen Menschen herstellt, das aber niemals fertig oder perfekt sein wird.

«Hurt people hurt people.» Wir verletzen uns permanent gegenseitig, und manchmal ist das Geschehene durch nichts aufzuwiegen. Gerechtigkeit bleibt dann unvollendet – kann es nur sein. Mit Ernst Bloch könnte man sagen, dass Gerechtigkeit ein «utopisches Noch-Nicht» ist und sozusagen erst durch die Schaffung der freien Gesellschaft verwirklicht werden kann. Messianische Vorstellungen in Religionen gehen in eine ähnliche Richtung: Weil das Leid, das wir uns auf Erden ständig gegenseitig zufügen, unaufhebbar, möglicherweise unverzeihbar und manchmal auch nicht wiedergutzumachen ist, kann nur der Messias «uns erlösen», was man als Herstellung von Heilung und Gerechtigkeit interpretieren kann. Es ist wichtig, zu begreifen, dass diese verabsolutierenden und gleichzeitig transzendenten Vorstellungen tief in weißes, westliches Den-

113 Lode Walgrave: Restorative Justice is Not a Panacea Against All Social Evils. In: Aertsen/Pali: Critical Restorative Justice. Bloomsbury, Oxford 2017.

ken eingeschrieben sind – sie sind aber nicht darauf beschränkt, sind auch von Mesopotamien bis nach Indien und andere Teile Asiens kulturell verankert und haben hier geschichtlich auch ihren Ursprung. «Wir German*innen» saßen ja gewissermaßen noch auf den Bäumen, als dort die Fundamente für die Religionen, die heute hier «heimisch» sind, gelegt wurden. Doch Europäer*innen haben es auf die Spitze getrieben und damit dann den Rest der Welt kolonisiert.

Restorative Justice hat Anteil an einem anderen Denken, wie ich bereits in der Einleitung versucht habe darzulegen, einem Denken, dass auf andere, vor allem indigene Traditionen und Weltsichten zurückgeht und uns helfen kann, aus der Sackgasse von Strafe, Schuld und Scham, in die wir uns verrannt haben, herauszukommen.

RJ verabsolutiert nicht, sondern akzeptiert das Unperfekte. Sie strebt keine endgültige «Gerechtigkeit» an, sondern versucht, «wrongs as right as possible» zu machen. Sie sieht nicht die Sünder*in, die büßen muss, sondern die Fehler, die gemacht wurden, und die Fähigkeiten, sich zu entwickeln und diese zu reparieren, sowie die Persönlichkeitsanteile, die das ermöglichen.

In der japanischen Kultur gibt es eine Technik, zerbrochene Keramik mit Goldlack wieder zusammenzufügen, so dass man die Bruchstellen sehen kann: Man tut nicht so, als sei der Gegenstand nie zerbrochen, man gibt ihn auch nicht verloren, sondern anerkennt seine Zerbrochenheit und durch diese Art, ihn zu reparieren, Kintsugi genannt, verleiht das Zerbrechen ihm eine neue Qualität. Hinter Kintsugi steht die Idee der Wertschätzung der Fehlerhaftigkeit. Restorative Justice ist ein bisschen wie Kintsugi. Was geschehen ist, ist geschehen. Man kann es nicht ungeschehen machen, es nutzt nichts, das Verlorene ewig zu beklagen, sondern Heilung besteht darin, aus dem Geschehenen eine neue Situation zu schaffen, die nicht perfekt ist, sondern das Geschehene in sich aufhebt und in etwas Neues wandelt.

In gewisser Hinsicht ist das pragmatisch. Und auch das ist eben Restorative Justice: pragmatisch. Wenn man in Frieden miteinander leben will, nutzt es nichts, sich auf große Gerechtigkeitsideale zu berufen oder auf der Schmerzhaftigkeit des Verlustes zu beharren, sondern man hat die Aufgabe, zu heilen und zu reparieren, damit es weitergeht. Dabei geht es meist um Geschehnisse auf der Mikroebene. Dass RJ aber auch in größeren Dimensionen Anwendung finden kann, habe ich versucht, deutlich zu machen. Das ist vor allem im Sinne der Betroffenen, die konkret verletzt sind und leiden, egal auf welcher Ebene sich das, was ihnen zugefügt wurde, abspielt. Auch das Handeln von Großkonzernen und Staaten hinterlässt konkrete, betroffene Personen, die Fragen und Bedürfnisse haben. Den Akteur*innen muss man das Handwerk auf politischer Ebene legen – und für die Aufarbeitung braucht es restorative Formen der Unrechtsbewältigung, die die Bedürfnisse und Interessen der Betroffenen sowie Wiedergutmachung ins Zentrum rücken.

Die Geschichte der Versuche radikaler Gesellschaftsveränderung sind bis dato weitgehend ohne Alternativen zum Strafen ausgekommen. Das hatte gravierende Konsequenzen, nicht nur für den Umgang der Revolutionär*innen untereinander, sondern auch für die politischen Systeme, die dabei herausgekommen sind. Für mich ist klar, dass restorative und transformative Formen von Unrechtsbewältigung als Alternative zu Strafe ein fester Bestandteil von Gesellschaftstransformation sein müssen, um nicht die Fehler der Vergangenheit zu wiederholen.

Dieser Weg beginnt hier und heute. Es gibt viele, die bereits unterwegs sind. Viele kleine Schritte von vielen Menschen an vielen Orten sind Teil eines Prozesses, das Strafen zurückzudrängen und Wiedergutmachung, konstruktive Verantwortungsübernahme und Heilung erblühen zu lassen. Gefragt, wo man denn anfangen könnte, fallen mir 11 Punkte ein, die sowohl gleichzeitig als auch schrittweise umzusetzen sind, um sich auf den Weg in eine Gesellschaft ohne Strafe und Gefängnisse zu machen.

Elf Schritte zur Transformation des Strafregimes

1. **Eine gute Sozialpolitik ist die beste Kriminalpolitik:** Entkriminalisierung von Drogen, kostenloser öffentlicher Nahverkehr, bezahlbarer Wohnraum für alle, bedingungsloses Grundeinkommen, kostenlose öffentliche Gesundheitsversorgung, Wiederherstellung des Rechtes auf Asyl und gleiche Rechte für eingewanderte Menschen, Ausweitung und Bereitstellung von Psychotherapieangeboten – die ganze

Palette des Sozialstaates. Daseinsfürsorge verhindert nicht nur Armutsdelikte und ermöglicht ein angstfreieres Lebens, sondern existenzielle Sicherheit ist auch die Grundvoraussetzung dafür, sich mit sich selbst und seinen Schattenseiten zu konfrontieren.

2. **Sofortige Haftentlassung** aller, die eine Ersatzfreiheitsstrafe absitzen sowie aller, die wegen Delikten im Kontext von Drogengebrauch und Befriedigung von Grundbedürfnissen wie Nahrung, Kleidung und Wohnung oder wegen opferlosen Delikten einsitzen sowie kontrollierte und begleitete Entlassung aller, die man für «ungefährlich» halten darf.

   Mit «kontrolliert und begleitet» meine ich, dass die Haftentlassung nicht das Signal senden darf, dass die Verletzung anderer Menschen o.k. war und von der Gesellschaft nicht gerügt wird. Es wäre denkbar, die Entlassung mit einem RJ-Verfahren zu verbinden, sofern die Betroffenen mitmachen, oder mit anderen restorativen Praktiken wie Talking Circles mit Betroffenen ähnlicher Fälle oder dergleichen zu begleiten. Auch wäre es sinnvoll, die Tathintergründe zu beleuchten und zu erkennen, was die Person braucht, um ähnliches Verhalten nicht zu wiederholen. Das kann Therapie sein oder auch Unterstützung beim Wechsel des Wohnorts oder bei der Entwicklung einer Perspektive, kann aber auch bedeuten, dass lokale Umstände geändert werden müssen. Das würde die Tatsache ernst nehmen, dass eine verletzende Handlung immer auch auf die Gesellschaft und Gemeinschaft verweist, die sie hervorgebracht hat. Es können z.B. vorausgegangene Diskriminierungserfahrungen sein oder ein Mangel an bestimmter Infrastruktur an einem Ort.

3. **Vorrangigkeit von Restorative Justice gegenüber Strafjustiz:** Allen Strafverfahren, bei denen eine Person geschädigt wurde, kann ein kostenloses Restorative-Justice-Angebot vorgeschaltet werden. Strafjustiz ist dann ein «Last Resort», wenn diese Bemühungen scheitern. Auch während eines Strafverfahrens muss es die Möglichkeit geben, sich jederzeit doch noch für ein RJ-Verfahren zu entscheiden. In Aotearoa/Neuseeland wurde mit dem «Children, Young Persons and their Families Act» von 1989 die verpflichtende Einschaltung einer «Family Group Conference» vor einer Gerichtsverhandlung im Jugendstrafverfahren eingeführt,

sofern die beschuldigte Person nicht abstreitet. Ein*e sogenannte «Youth Justice Coordinator» wird entweder direkt von der Polizei oder bei Verhaftung durch ein*r Richter*in beauftragt, das RJ-Verfahren in die Wege zu leiten. Wenn es scheitert oder abgelehnt wird, kommt ein normales Strafverfahren zustande. Sofern dieses erfolgreich ausgeht, wird das Verfahren entweder eingestellt oder das Gericht übernimmt die getroffene Vereinbarung als Urteil. Noch gibt es viel zu kritisieren an der Art, wie diese Praxis in Aotearoa umgesetzt wird. Es zeigt aber, dass es durchaus möglich ist, Modelle zu entwickeln, die Restorative Justice als *First Response* und Strafjustiz als *Last Resort* einsetzen. Einige Länder und Regionen folgen mittlerweile diesem Beispiel, und es gibt überhaupt keinen Grund, es nicht auch im Erwachsenenstrafrecht umzusetzen.

Die aufständischen Zapatist*innen in Chiapas/Mexiko folgen in ihrem Justizsystem einem solchen Modell. Die (Laien-)Richter*innen arbeiten unbezahlt aus einer «Pflicht des Bewusstseins» heraus. Sie werden in einer freien, direkten und offenen Art und Weise demokratisch gewählt, müssen dem Prinzip des «gehorchenden Regierens» folgen und können jederzeit abgesetzt werden. Die Gerichte sind paritätisch besetzt und versuchen stets, eine von allen Beteiligten akzeptierte, konsensuale Lösung zu finden. Dabei stehen Entschuldigung, Verzeihung und Reparation im Zentrum. Darüberhinaus kann eine Gemeinde als Sanktion auf der Leistung von gemeinnütziger Arbeit bestehen. Geldstrafen gibt es keine und auch keine Gefängnisse. Sollte keine Lösung gefunden werden, wird der Fall an die nächsthöhere Instanz (Gemeinde => Municipio => Zona) verwiesen. Letztinstanzlich entscheidet die Vollversammlung einer *Zona.* Sie kann, falls keine Lösung gefunden wird und sie es für notwendig erachtet, als letzte Maßnahme eine Verbannung des Beschuldigten von zapatistischem Territorium aussprechen.[114] Auch von «Unter-Aufsicht-Stellen» problematischer/gefährlicher Individuen, mit denen keine Einigung möglich war, durch Zwangsrekrutierung in die Zapatistische Armee wurde mir berichtet.

114 Vgl. Angeles Catalina und Theresa M. Bullmann über ein Buch von Paulina Fernandez Christlieb: Justicia Autónoma Zapatista. TOA-Magazin 2/17, TOA-Servicebüro, Köln 2017, S. 29.

4. **Bereitstellung und Finanzierung flächendeckender freier, unabhängiger und kostenloser Restorative-Justice-Angebote.**
Der Restorative-Justice-Pionier und Kriminologe Nils Christie war Norweger und hat bis zu seinem Tod an der Universität von Oslo gearbeitet. Das Erbe seines bereits erwähnten wegweisenden Artikels «Konflikte als Eigentum» ist im norwegischen Laienmediationssystem «Konfliktrådet» präsent: «Der *National Mediation Service* (NMS) in Norwegen setzt sowohl in straf- als auch in zivilrechtlichen Fällen lokale ehrenamtliche LaienmediatorInnen ein. Die etwa 550 LaienmediatorInnen erfüllen diesen Auftrag nachmittags und abends, neben der Lohnarbeit, und stehen den BürgerInnen in allen Landkreisen im ganzen Land zur Verfügung.»[115] Norwegen hat sich bewusst für ein lokales, kommunales Modell und für den Einsatz von Laien entschieden. Dies soll der Entfremdung durch Professionalisierung vorbeugen, welche entsteht, wenn Fachkräfte den Konfliktparteien ihre Terminologie und Sichtweise überstülpen. Zudem sollen so zivilgesellschaftliches Engagement und Selbstverwaltung gestärkt werden, da sich die Gemeinden vor Ort selbst um ihre Konflikte kümmern.

5. **Zivilgesellschaftliche Initiativen für einen anderen Umgang mit schmerzhaften Konflikten und problematischem Verhalten.** Echte Veränderung kommt von unten. Das heißt, dass staatliche und staatlich finanzierte Restorative-Justice-Programme und Justizreformen von zivilgesellschaftlichen Initiativen begleitet, kritisiert und vorangetrieben werden müssen. Gleichzeitig braucht es eine «DIY»-Konfliktkultur. Eignen wir uns unsere Konflikte wieder an! Man muss nicht darauf warten, dass der Staat es regelt, sondern wir können beginnen, in unserem eigenen Umfeld für eine restorative Konfliktkultur und andere Umgangsweisen zu sorgen. So ist Transformative Justice in den USA entstanden – als Selbstermächtigung von marginalisierten Menschen, die vom Justizsystem nur Schlechtes zu erwarten haben, wie etwa Schwarze, Latinx, Queer, Trans oder Sexarbeitende. Bei

115 Karen Kirsten Paus: LaienmediatorInnen – ein Einblick in die Erfahrungen aus dem norwegischen Modell. TOA-Magazin 3/17, TOA-Servicebüro, Köln 2017 S. 15.

interpersoneller Gewalt wie etwa sexualisierter Gewalt war es oft keine Option, sondern eher ein Risiko, die Polizei zu rufen. Mit TJ schufen sie ein Konzept, wie mit Gewalt in ihrem Umfeld so umgegangen werden kann, dass die Betroffenen Schutz bekommen, die Tatverantwortlichen nicht-stigmatisierend konfrontiert und die Einbettung der Geschehnisse in gesellschaftliche Machtverhältnisse und deren Reproduktion in der Community analysiert und in Handlungsplänen berücksichtigt wird. TJ ist aktivistische DIY-Justiz mit menschlichem Antlitz: Es geht genau nicht um Rache und Fehden, sondern darum, Gewaltspiralen ein Ende zu setzen.

Die Entwicklung der Restorative Circles in den Favelas von Rio de Janeiro ist ein anderes Beispiel. Wenn das Leid groß und der Staat kein Ansprechpartner ist: Was tun? Man muss die Sache selber in die Hand nehmen. Dabei entsteht und vertieft sich Gemeinschaft und Handlungsmacht. Sollten selbstorganisierte RJ und TJ jemals großflächig an Bedeutung gewinnen, ist eine staatliche Reaktion zu ihrer Unterdrückung zu erwarten, geht doch die Tendenz der ganzen letzten Jahrzehnte dahin, zu versuchen mehr Aspekte des menschlichen Lebens unter seine Kontrolle zu bekommen. Da käme es äußerst ungelegen, wenn Menschen sich plötzlich ihre Belange wiederaneignen und ihre Probleme lösen, ohne dass dies staatlichen Stellen überhaupt zu Kenntnis gelangt ist.

Eine Zwischenposition nehmen vielleicht die Community Mediation Centres (CMCs) in den USA ein.[116] Sie sind in den siebziger Jahren auf zwei verschiedenen, sich zeitweise überschneidenden Wegen entstanden: durch Reformbemühungen innerhalb des Justizwesens und in sozialen und politischen Bewegungen, die nach mehr Selbstbestimmung und Selbstverwaltung in den Vierteln und Nachbarschaften strebten und das Justizsystem als unbefriedigend und unfair empfanden. Heute hat die «National Association for Community Mediation» 650 Mediationszentren als Mitglieder, in welchen jedes Jahr insgesamt über 50.000 Fälle mediiert werden. Die CMCs sind oft städtisch oder kommunal finanziert, halten jedoch gleichzeitig an den Werten der Selbstbe-

---

116 Vgl. Community Mediation Center Knoxville, Tennessee: History of CMC, https://2mediate.org/history1.html, zuletzt abgerufen am 27.2.2021, eigene Übersetzung.

stimmung und Selbstverwaltung fest. Für die Mitglieder des Dachverbandes gelten zehn Qualitätsrichtlinien:

1. Einsatz ausgebildeter Freiwilliger aus den Communities.
2. Akademische Ausbildung ist keine Voraussetzung.
3. Die Zentren sind eine private oder öffentliche gemeinnützige Einrichtung mit einem Aufsichtsrat.
4. Das Team – freiwillige Mediator*innen, Mitarbeiter*innen und Aufsichtsratsmitglieder – ist divers zusammengesetzt und repräsentiert die Vielfalt in der entsprechenden Community.
5. Ermöglichung und Ermutigung von Selbstmeldungen und Bemühungen um niedrigschwelligen Zugang zu den Leistungen durch Reduzierung physischer, sprachlicher, kultureller, wirtschaftlicher und systemischer Barrieren.
6. Annahme von Fällen ungeachtet der finanziellen Mittel der Klient*innen.
7. Einsatz für kooperative Beziehungen innerhalb der Community, um einen positiven systemischen Wandel zu erzeugen.
8. Teilnahme an Öffentlichkeitskampagnen und Aufklärungsangeboten zum Thema Werte und Praktiken der Mediation.
9. Ansprechbarkeit schon in frühen Stadien von Konflikten.
10. Angebot einer echten Alternative zur Justiz zu jedem Zeitpunkt des Konfliktes.

6. Einsatz von Restorative Justice in Schulen und anderen öffentlichen Einrichtungen

Wie bereits im Kapitel Abgrenzungen beschrieben, kann es weite Kreise ziehen, wenn man eine Schule auf ein restoratives System umstellt: Plötzlich will die ganze Stadt mitmachen. Aber auch ohne solch euphorischen Effekte ist die Anwendung von RJ an Schulen und anderen öffentlichen (oder privaten) Einrichtungen wünschenswert und möglich. Orte, an denen Menschen gezwungenermaßen viel Zeit miteinander verbringen und dies vielleicht sogar jahrelang, sind gut geeignet, um nachhaltig andere Verhaltensweisen zu installieren, eine restorative «Unternehmenskultur» zu schaffen.

Wie sich so etwas aufziehen lässt und welche Wirkungen es zeigt, kann man zum Beispiel auch am Einsatz von Restorativen Praktiken in belgischen Geflüchtetenunterkünften betrachten. «Ligand» ist z.B. eine Einrichtung, die Mediations- und Restorative-Justice-Trainings für Schulen und

Sozialarbeiter*innen anbietet. Sie ist Teil von Oranje Hus, einer Organisation der sozialen Arbeit in Flandern, die seit fünfzig Jahren einen radikal bedürfnisorientierten Ansatz vertritt. 2017 begann Ligand mit Trainings für die Mitarbeiter*innen von Fedasil, der belgischen Behörde, die für die Aufnahme und Betreuung von Geflüchteten zuständig ist. Ligands Ansatz war, dass sich zunächst in den höheren Hierarchieebenen Einstellungen ändern müssen, bevor man auf der Ebene der konkreten Praxis anders handeln kann. Daher begannen sie mit der Ausbildung und Begleitung der Mitarbeiter*innen. Zusätzlich wurden restorative «Auszeiten» für unbegleitete geflüchtete Minderjährige, die als «Problemstifter» gebrandmarkt waren, angeboten. Nach und nach haben sich die Zustände verbessert: Die Mitarbeiter*innen in den Unterkünften (inklusive des Sicherheitspersonals) reagieren jetzt empathischer und dialogbereiter auf an sie herangetragene Probleme, sind eher in der Lage, Konflikten vorzubeugen oder diese zu schlichten und haben auch untereinander einen freundlicheren und offeneren Umgang gefunden. Das Programm gilt als erfolgreich und erhält, nachdem bereits zehn Teams im flämischen Teil fortgebildet wurden, seit 2021 eine Festfinanzierung. Eine Ausweitung auf den französischsprachigen Landesteil ist geplant.[117]

Sowohl in den USA als auch in England gibt es Erfahrungen mit dem Einsatz von restorativen Methoden. Die englische Mediatorin Belinda Hopkins hat sich darauf spezialisiert, aber auch die österreiche RJ-Trainerin Gabriele Grunt hat bereits an mehreren Schulen die Implementierung eines «restorativen Systems» nach Dominik Barter begleitet. Das Berliner «Institut für Restorative Praktiken» um Judith Kohler ist dabei, entsprechende Angebote für deutsche Schulen zu entwickeln. Einige freie Schulen haben sich bereits entsprechende Ziele gesetzt, wie zum Beispiel die «Anders Schule Kiel».[118] Zwei «Little Books» der bereits öfter erwähnten gleichnamigen Buch-Reihe sind dem Thema gewidmet: «RJ for Colleges and Universities» sowie «Restorative Teaching Tools».

---

117 Siehe: Ciske Coudenys: Drei Jahre Restorative Praktiken in belgischen Flüchtlingsheimen. TOA-Magazin 01/20, TOA-Servicebüro, Köln 2020, S. 22 ff.

118 Siehe https://andersschule.de/konzept/ zuletzt abgerufen am 27.7.2021.

7. **Verwandlung von Gefängnissen in lebenswerte Orte,** die lediglich die geographische Immobilität der wenigen verbliebenen Gefangenen zum Ziel haben und diesen ansonsten ein Leben «wie draußen» ermöglichen, inklusive umfangreicher Unterstützungsangebote, um die eigene Tat und ihre Hintergründe aufzuarbeiten. Diejenigen, die man trotz aller anderen Bemühungen noch immobilisieren muss, sind hier vor allem zum Schutz der Gesellschaft, da keine andere Lösung mit ihnen möglich war. Die Gesellschaft muss jedoch anerkennen, dass sie diese Individuen hervorgebracht hat und daher ihnen gegenüber verantwortlich ist. Haft wäre dann eher eine Art «erzwungener Auszeit», die Druck rausnimmt und Zeit für Reflexion sowie Mittel zur Heilung zur Verfügung stellt, etwas, das in einer gut eingerichteten Gesellschaft «draußen» ermöglicht werden muss, dort aber eben nicht jede*n erreicht.

Die revolutionären Kurd*innen in Rojava und die sozialdemokratische Verwaltung in Norwegen sind sich darin einig, dass es schon schlimm genug ist, jemandem die Freiheit zu nehmen, und daher die Bedingungen, unter denen dies stattfindet, den Lebensbedingungen «draußen» so ähnlich wie möglich sein müssen. Haft in Rojava soll immer als Ultima Ratio gesehen werden und der oder die Gefangene wird nach den Prinzipien des Rechtssystems von Rojava nicht als Straftäter, sondern als zu Rehabilitierender gesehen. Gefängnisse werden als Bildungseinrichtungen verstanden und sollen perspektivisch, wenn die Mittel zur Verfügung stehen, in Rehabilitationszentren umgewandelt werden. Sie sollen keine Strafanstalten mehr sein. Insbesondere auch die Frage der Haftbedingungen beschäftigt die Kommissionen des Rechtssystems von Rojava. Denn, wie uns eine Vertreterin der Justizkomission erklärte: «Wir haben den Gefangenen schon die Freiheit genommen, wir wollen sie nicht noch durch ihre Haftbedingungen bestrafen.»[119] In Norwegen heißt es: «Removing someone's liberty is punishment enough.»[120] Auch

---

119 Kampagne Tatort Kurdistan: Das neue Rechtssystem in Rojava: Der Konsens ist entscheidend. TOA-Magazin 2/14. TOA-Servicebüro, Köln, 2014 S. 42.

120 Linn Chloe Hagstrøm: What is Restorative Justice? The Norwegian American, https://www.norwegianamerican.com/what-is-restorative-justice/ zuletzt abgerufen am 21.7.2021.

sonst haben die Norweger*innen die Überlegungen, dass ein barbarischer Ort nicht geeignet ist, auf problematisches Verhalten zu reagieren, in ihrer Kriminalpolitik umgesetzt. Die Gefängnisse sind umfangreich ausgestattet und viele Aspekte ihres Lebens verwalten die Gefangenen selbst: «Im Halden-Gefängnis gibt es Joggingpfade, ein Tonstudio und das ganze System ist darauf ausgerichtet, die Gefangenen auf die Reintegration in die Gesellschaft vorzubereiten. (...) Die Fenster haben keine Gitterstäbe, die Küchen sind voll ausgestattet (inklusive scharfer Messer) und Inhaftierte und Wächter*innen sind sogar manchmal befreundet. (...) Im Bastøy [Gefängnis] müssen alle Gefangenen wochentags von 8:30 bis 15:30 arbeiten, aber wenn sich nicht gerade Schicht in einer der Küchen, dem Einkaufsladen oder auf einer seefahrtlichen, landwirtschaftlichen oder technischen Position haben, können sie die Strände, die Bücherei, das Fussbaldfeld oder andere Freizeiteinrichtungen nutzen. Die Gefangenen genießen viele Freiheiten, solange sie sich verantwortlich verhalten.»[121] Dieses Vorgehen ist nicht etwa Naivität geschuldet, sondern soll den Gefangenen helfen, sich mit sich selbst zu konfrontieren und an ihrer Selbstveränderung zu arbeiten. Das Gefängnis soll ein Ort sein, an dem sie an sich arbeiten und die Bedingungen überwinden können, die zu ihrer Handlung geführt haben. Dafür garantiert ihnen der Staat ein engmaschiges soziales Netz. Niedrige Rückfallquoten und eine insgesamt sehr niedrige Kriminalitätsrate geben dem norwegischen Weg – Kombination aus starkem Sozialstaat und restorativer Kriminalpolitik – Recht. Zusammen mit niedrigen Inhaftierungsquoten (70 auf 100.000 Einwohner*innen, im Vergleich zu 700 in den USA z.B.) konterkarieren sie auch das viel zitierte Argument, dass komfortable Gefängnisse bei Gerichten die Hemmschwelle, Haftstrafen zu verhängen, senken würden und nicht abschreckend auf die Begehung von Straftaten wirken.

Einen ähnlichen Weg gehen die «Healing Lodges» in Kanada. Eingerichtet, um besonders auf die Bedürfnisse von indigenen Gefangenen einzugehen und das koloniale Trauma als Tathintergrund zu würdigen, werden sie von der kanadischen Haftaufsichtsbehörde Canadian Correctional Service,

121 Ebd.

CSC und lokalen indigenen Organisationen koverwaltet. Der Ansatz beruht auf der indigenen Überzeugung, dass Spiritualität ein Schlüsselfaktor für die Heilung indigener (und eigentlich aller) Menschen ist. Die Lodges sind oft traditionelle, runde Häuser und das Programm umfasst Zeremonien, Arbeit mit Elders, Erlernen von heiligen indigenen Praktiken, Sozialdienste in der Community und Lernen über die eigene Indigenität und Geschichte zur Überwindung des Kolonialtraumas.[122]

Ein weiteres Beispiel für eine restorative Gefängnispraxis – sofern es so etwas geben kann – sind die Gefängnisse der «Associação de Proteção e Assistência aos Condenados» (APAC – Vereinigung für Schutz und Unterstützung Verurteilter) in Brasilien. Diese Einrichtungen kann es, wenn man den gängigen kriminalpolitischen Theorien glaubt, eigentlich gar nicht geben, denn: sie sind unbewacht und selbstverwaltet. Keine Wärter*innen, keine Waffen, keine Uniformen, keine Folter und Misshandlungen, keine Überbelegung, keine Bevormundung – aber ein streng geregelter Tagesablauf, selber putzen, kochen, waschen und das Büro führen. Die Rückfallquote der APAC-Entlassenen liegt bei 15 % im Vergleich zu 85 % bei den üblichen Gefängnissen. Noch nie, so schreibt der belgische Autor Jan de Cock, sei jemand geflohen. Die Kosten sind in etwa ein Drittel so hoch wie die eines «normalen» Gefängnisses – vor allem, weil man kein Wachpersonal braucht. Der Schlüssel des Erfolgs liegt, so wird es immer wieder berichtet, in der Wertschätzung, die die Gefangenen dort erfahren – gemäß des Konzepts von Mario Ottoboni. Unter dem Motto: «Hier tritt ein Mensch ein, die Straftat bleibt draußen» gründete er 1972 das erste APAC-Gefängnis in São José dos Campos im brasilianischen Bundesstaat São Paulo. Inzwischen unterhält APAC ca. sechzig solcher Gefängnisse in Brasilien und es gibt bereits erste Einrichtungen in anderen lateinamerikanischen Ländern.[123]

---

122 Siehe Seite des CSC: https://www.csc-scc.gc.ca/aboriginal/002003-2000-en.shtml, zuletzt abgerufen am 21.7.2021.

123 Siehe Astrid Prange De Oliveira: APAC: Brasiliens Gefängnisse ohne Gewalt. Deutsche Welle 2021 https://www.dw.com/de/apac-brasiliens-gef%C3%A4ngnisse-ohne-gewalt/a-57322506; Jan de Cock: Hotel Pardon, Kunth, München 2015, S. 227f.; Jan de Cock: Hotel Prison. Kunth Verlag München 2015 ; Set Free Netzwerk:

8. **Restrukturierung, Schrumpfung und Defunding[124] der Polizei:** Entzug aller Aufgaben, die nicht der Kernaufgabe «Ermittlung und Dingfestmachung» dienen, Übertragung aller anderen Aufgaben an Psycholog*innen, Sozialarbeiter*innen, Nachbarschaftskomitees, Konfliktvermittler*innen etc. inklusive voller Finanzierung.

9. **Haftentlassungen erleichtern durch ehrenamtliche COSA-Gruppen**, die die Person begleiten, unterstützen, kontrollieren und re-intregrieren.

   Wie bereits im Abschnitt zu Restorative Practices dargestellt, hat das mennonitische Zentralkomitee in Kanada 1994 die «Circles of Support and Accountability» (Unterstützungs- und Verantwortungskreise, COSA) entwickelt, um Communities dabei zu helfen, mit der Entlassung von Hochrisiko-Sexualstraftäter*innen umzugehen. Die Seelsorge der Haftaufsichtsbehörde Correctional Services Canada stellt dafür Freiwillige zur Verfügung, die sich regelmäßig mit der haftentlassenen Person treffen und sie unterstützen, sich in die Gemeinschaft einzugliedern und ein «umsichtiges, produktives und verantwortungsvolles Leben zu führen»[125]. So soll das Risiko einer weiteren sexuellen Viktimisierung in der Gemeinde substanziell reduziert werden und die Zahlen geben dem Programm recht: «Untersuchungen zufolge liegt die Rückfallquote bei Haftentlassenen zwischen 70 und 80 Prozent niedriger, wenn sie an einem CoSA teilgenommen haben. Im kanadischen Regina und im Umland haben wir in den letzten 16 Jahren mehr als dreißig Menschen durch Unterstützungskreise betreut und nur einer ist im Sinne einer (sexuellen) Gewaltstraftat rückfällig geworden. Das bedeutet mehr Sicherheit in den Communities und weniger Gewalt-Opfer, ob Kinder oder Erwachsene», schreibt Professor Otto Driedger.[126] Dieses Modell ist im Übrigen auch außerhalb der

---

https://www.set-free-ev.de/projekt-apac/

124 Defund, engl.: Entzug finanzieller Mittel

125 Correctional Services of Canada: Circles of Support & Accountability: Project Guide. Correctional Services of Canada, Ottawa 2003. Zitiert nach: Judah Oudshoorn, Michelle Jackett und Lorraine Stutzman Amstutz: Umgang mit Sexualstraftäter*innen im Kontext von Restorative Justice. TOA-Magazin 01/19, TOA-Servicebüro, Köln 2019, S.10.

126 Otto Driedger: COSA – Unterstützungs- und Verantwortungskreise. Eine Komponente von Restorative Justice. TOA-Magazin 01/18, TOA-Ser-

Strafjustiz in Gemeinschaften und Bewegungen anwendbar und könnte ein Weg sein, Menschen, die Gewalt ausgeübt haben, auf sachte Weise zurück in die Gemeinschaften oder die Bewegung zu integrieren.

10. **Konfliktkultur, Restorative Justice und gewaltfreier Umgang als Fächer an Schulen** und anderen Einrichtungen, breites Angebot an **Fortbildungen** für alle Berufsgruppen.

    In den letzten Jahren habe ich eine Freundin bei ihrem Kurs für «Gewaltfreie Kommunikation, GfK» an der TH Köln unterstützt. Jedes Semester hatten Studierende der Sozialen Arbeit die Möglichkeit, in ihrem Psychologie-Modul «GfK» zu belegen. Der Sinn der Sache war, dass sie diese als Werkzeug in ihrer Arbeit einsetzen. Es war berührend zu beobachten und kam nicht ganz unerwartet, dass die Auseinandersetzung mit wertschätzender Kommunikation und einer Haltung der Empathie auch direkte Auswirkungen auf ihr eigenes Leben und eine Reflexion ihres Umgangs mit Konflikten zur Folge hatte. Es ist glasklar, dass, wenn mehr Menschen wissen, *dass* man anders mit Konflikten umgehen kann, *wie* dieses «anders» geht und *warum* es wohltuend und sinnvoll ist, sich in der Gesellschaft eine konstruktive Konfliktkultur langsam etablieren kann und der Ruf nach politischen Entscheidungen, die in diesem Sinne sind, lauter wird. Wie Marshall Rosenberg, der Begründer der Gewaltfreien Kommunikation, schreibt: «Wenn wir in Kontakt mit unseren Gefühlen und Bedürfnissen sind, werden aus uns keine guten Sklaven und Befehlsempfänger mehr.»[127]

11. **Ausdehnen des Personenbegriffs auf andere Lebewesen und Naturerscheinungen** nach indigenem Vorbild, um Umwelt- und Klimazerstörung zu behandeln.

    Ein Projekt der Abwicklung des Strafregimes bleibt für mich unvollendet, wenn es sich nicht als Projekt der Dekolonisierung begreift. Neben der Berücksichtigung der systemischen und strukturellen Benachteiligung kolonial unterworfener Nationen und Individuen bei der konkreten

---

vicebüro, Köln 2018, S. 11.

127 Marshall B. Rosenberg: Gewaltfreie Kommunikation – eine Sprache des Lebens. Junfermann, Paderborn 2010, S. 41.

Bearbeitung von Konflikten bedeutet das für mich ein Zurücktreten gegenüber indigenen Lösungen und die radikale Akzeptanz der Gleichwertigkeit des auf Respekt, Einheit, Harmonie und Wandlung beruhenden indigenen Weltbildes, wie es unter anderem von der Union of the Condor, Quetzal & Eagle vertreten wird. Die Zerstörung unserer Lebensgrundlagen ist keine Detailfrage, sondern die fundamentalste unserer Zeit und indigene Nationen auf allen Kontinenten halten die Schlüssel für ihre Beantwortung in der Hand, während sie am brutalsten von den Auswirkungen betroffen sind. Es ist an uns, dies anzuerkennen und ihre Lösungsvorschläge zu unterstützen.

Postscriptum

Restorative Justice als vernakuläre Praxis: Die homöostatische Maschine der Strafjustiz aushungern.

Beitrag zum Heinz-Steinert-Symposium, April 2021 Wien/online

2017 haben laut Oxfam die reichsten acht Milliardäre so viel verdient wie die ärmere Hälfte der Weltbevölkerung.[128] Unter den ersten zehn der Forbes-Liste der reichsten Menschen von 2019, die insgesamt 2153 Personen aufzählt, von denen 243 Frauen sind, sind sechs Männer, welche Firmen besitzen, die unser Leben auf eine Art kontrollieren, wie es sich selbst George Orwell, Aldous Huxley und Kolleg*innen nicht hätten vorstellen können. Es handelt sich um Amazon, Google/Alphabet, Facebook, Microsoft, Oracle und Bloomberg.

Daten sind die Goldminen von heute und es geht darum, zu wissen, was wir sagen, denken, kaufen, tun, mögen oder begehren und darum, diese Informationen zu besitzen und als Waren zu handeln. Die Spuren, die wir hinterlassen, wenn wir mit der Kreditkarte bezahlen, eine Online-Landkarte benutzen oder im Internet surfen sind so zahlreich geworden, dass wir nicht mehr nachvollziehen können, was andere über uns wissen und schon gar nicht, was sie mit diesem Wissen anfangen. Da hilft uns auch die EU-Datenschutzverordnung kaum weiter.

Es ist also kein Wunder, dass die reichsten Menschen der Welt heute jene sind, die uns ausspähen und mit den erhaltenen Daten handeln. Dabei weiten sie das Niveau der Überwachung ständig aus und somit auch die Möglichkeiten, uns zu beherrschen.

Die Homöostatische Maschine

Heinz Steinert[129] hat gesagt, dass Abolitionismus Herrschaftskritik bedeutet. Kritik von und Widerstand gegen Überwachung, Repression und Gefängnissystem ist unser Job als

128 https://www.cnbc.com/2017/01/16/the-worlds-eight-richest-people-have-same-amount-of-money-as-half-the-world-oxfam.html. Seitdem hat sich die Lage noch verschlimmert.

129 Heinz Steinert: Vom Ende des Strafvollzugs. Ein Leitfaden für Abolitionisten, Bielefeld: AJZ, 1988.

Abolitionist*innen. Was wäre aber, wenn unsere Kritik und unser Protest die Maschine, die wir aufzuhalten versuchen, vielmehr nährt als sie zu stoppen? Was, wenn unsere Opposition ein essenzieller Bestandteil ihres Funktionierens geworden wäre?

In «Morgen werde ich Idiot. Kybernetik und Kontrollgesellschaft» beschreibt der Hamburger Essayist Hans-Christian Dany[130], wie mit der Allgegenwart von Datentechnologie kybernetische Logiken Einzug in die Wirtschaft und schließlich den Rest der Gesellschaft gehalten haben.

In endlosen Rückkopplungsschleifen werden Informationen aus der Vergangenheit gesammelt, aufbereitet und analysiert, um die Zukunft vorherzusagen und die entsprechende Reaktion in der Gegenwart zu erzeugen. Damit schließt sich der Horizont der Zukunft, sie ist nur noch als Verlängerung der Vergangenheit vorstellbar. So wird sie beherrschbar.

Jede Störung wird als Information behandelt, die in die Maschine eingespeist wird, um ihre homöostatische Stabilität wiederherzustellen. Dadurch wird sie beim nächsten Mal stabiler und besser vorbereitet sein. Jedes Mal, wenn wir Kritik üben und Widerstand leisten, tragen wir dazu bei, ihre Stabilität zu verbessern. Der Kapitalismus ist eine Maschine, die sich von unserer Energie ernährt. Er braucht unsere Mitarbeit, um zu funktionieren, und er braucht unseren Widerstand, um sich zu entwickeln und anzupassen. Letzten Endes frisst die Maschine selbst ihre schärfsten Gegner und verleibt sich deren Kritik für die Entwicklung ihrer nächsten Stufe ein.

Das ist übrigens ein altes Argument der Autonomia Operaia[131] aus den siebziger Jahren: Es ist der Widerstand und Kampf der Arbeiterklasse, der den Kapitalismus vorantreibt. Das heißt, wir stärken aktiv das, was wir zu schwächen versuchen (das ist nicht das, was die Operaist*innen meinten). Und diese Art von paradoxem Denken können wir auch in der alten chinesischen Philosophie finden. Jeder Kampfkunstschüler lernt, dass Widerstand den Gegner stärkt und wir kämpfen müssen, indem wir *seine* Energie *gegen* ihn verwenden, anstatt unsere eigene zu investieren.

---

130 Hans-Christian Dany: Morgen werde ich Idiot. Kybernetik und Kontrollgesellschaft. Hamburg: Edition Nautilus, 2013

131 Diese Idee wurde von vielen operaistischen Theoretiker*innen entwickelt und vertreten. Hardt/Negri fassen hier zusammen: https://www.eurozine.com/marxs-mole-is-dead-2/

Die Kooperation aufkündigen

Folglich könnte, wie Ivan Illich immer wieder vorschlug, Verschwiegenheit die Tugend der Stunde sein.[132] Schweigen läuft jedoch Gefahr, einfach nur Einverständnis, Hinnahme oder Kollaboration zu bedeuten, wie im Fall derjenigen, die während der nationalsozialistischen oder stalinistischen (oder einer anderen totalitären) Herrschaft in die «innere Immigration» gingen. Wenn wir uns selbst stumm machen, um nicht mehr zur Verbesserung unserer eigenen Unterdrückung beizutragen, müssen wir dafür einen subversiven Weg finden. Das Abtauchen unter die Reichweite der Kontroll- und Überwachungsmittel könnte ein Weg sein, den es zu erkunden lohnt.

Marianne Gronemeyer, emeritierte Professorin für Pädagogik und eine Schülerin Illichs, erzählt gerne eine Geschichte, die Elias Canetti benutzte, um die Macht der scheinbar Machtlosen zu demonstrieren: «Wenn die Bakairi mit ihrem Häuptling unzufrieden waren, verließen sie das Dorf und baten ihn, allein zu regieren.»[133] Sie beharrt auf dem emanzipativen Kern des deutschen Wortes «Ohnmacht», ohne Macht. Es beschreibt, so behauptet sie, eine Haltung des «Nein-Danke-Sagens» zu allem, was der Macht gehört.[134]

Ich denke, dass dies ein sehr starkes Bild ist. Die Frage ist also: Wie können wir uns losmachen? Wie können wir die Bestie ausbluten, anstatt sie zu füttern? Wie setzen wir die Kraft des Gegners gegen ihn ein? Was könnte Geheimniskrämerei sein? Wie können wir die Ohnmacht bejahen? Was könnte es heißen, das Dorf zu verlassen? Wo finden wir die Orte ohne Macht?

---

132 Es gibt diverse Quellen, siehe z. B.: Thierry Pacquot: Vagabundierendes Denken
https://monde-diplomatique.de/artikel/!822898.
oder Thierry Pacquot: Vom Guten Gebrauch des Schweigens. In: Ivan Illich, Denker und Rebell.
Illich hat viele über die Bedeutung der Verschwiegenheit nachgedacht. Hier eine eher theologische Betrachtung: Ivan Illich, Die Beredsamkeit des Schweigens, in: Klarstellungen. Pamphlete und Polemiken, München (C.H. Beck) 1996.

133 Karl von den Steinen, zit n. Elias Canetti: The human province. Seabury Press, New York 1978.

134 Gronemeyer wiederholt dies so oder so ähnlich bei verschiedenen Gelegenheiten, so z. B. in «Das Fremde, die Grenze und die Kunst des Nein-Sagens», Zeitschrift Streifzüge, Nr 69/2017, Wien.

Es ist offensichtlich, dass wir das Dorf nicht einfach verlassen können. Wir sind mehr als sieben Milliarden Menschen und vor allem in Europa gibt es geographisch keinen Ort, an den wir uns zurückziehen könnten, es gibt keine leeren Räume, keine unkontrollierten Zonen, keine Exile, wo wir hinkönnten. Alles ist bewohnt, infrastrukturell erschlossen, verwaltet, kontrolliert und somit überwacht. Der Klimawandel wird den verfügbaren geografischen Raum zweifellos noch weiter einschränken. Aber in diesen verwüsteten Landstrichen, von kapitalistischer Ausbeutung und Klimakatastrophe zurückgelassenen Zonen, kann sich das zutiefst verwundete Leben neu organisieren, kann sich die Natur wieder erholen und die Ruinen überwuchern. Wir werden vielleicht die Ruinen bewohnen müssen. Aber dazu müssen wir unsere Existenzweise radikal ändern.

In ihrem Buch «Der Pilz am Ende der Welt» erzählt Anna Lowenhaupt Tsing[135] die Geschichte des prekären kooperativen Überlebens menschlicher und nicht-menschlicher Arten in den Trümmern kapitalistischer Zerstörung und Krieg. Krieg gegen Menschen und Wälder. Krieg als ultimativer Prekaritätserschaffer. Und Pilze, Kriegsversehrte und Kiefern bauen zusammen eine Form des kollektiven Überlebens in artenübergreifender Kooperation auf, die am Rande staatlicher Macht und kapitalistischer Ausbeutung angesiedelt ist, manchmal jenseits der Reichweite des Staates existierend, ohne sich auf Wohlfahrtsysteme oder irgendeine andere Art staatlicher Institution zu verlassen oder zu beziehen.

Prekarität

Dies ist der Gipfel der Prekarität. Prekarität für alle ist das Motto der Stunde. Prekarität scheint die allgegenwärtige und verallgemeinerte Form der Existenz in diesem späten Stadium des Kapitalismus zu sein. Prekarität entsteht durch den Zusammenbruch und die Zerstörung von Systemen: Ökosystemen, sozialen Sicherungssystemen, politischen Systemen. Die Katastrophe, prophezeite Rosa Luxemburg bereits 1913, ist die Form, die das Kapital in seiner letzten Phase annimmt.[136] Hier sind wir

135 Anna Lowenhaupt Tsing: The Mushroom at the End of the World: On the Possibility of Life in Capitalist Ruins. Princenton University Press 2017.

136 Rosa Luxemburg: Die Akkumulation des Kapitals III/31.

also, mitten in der Katastrophe. Bewusst angeheizter[137] sich entfaltender Klimawandel, Überkonsum, Kontinente aus Plastik, verwüstete Landschaften, Massenmigration, Überarbeitung und Massendepression, soziale Unsicherheit und was immer noch der Liste hinzugefügt werden könnte. Die Katastrophe ist gleichbedeutend mit extremer Prekarität auf der einen Seite und monströsem Reichtum und Macht auf der anderen. 2000 Milliardäre gegen den Rest der Welt. 2000 Milliardäre, die von unserem Elend profitieren, die überwachen, wie wir damit umgehen, mit diesen Daten handeln, sie in ihre Algorithmen eingeben und so mit unseren Überlebenskämpfen noch mehr Geld machen.

2000 Milliardäre und ihresgleichen, etwas weniger wohlhabend als sie, unterstützt von Regierungen, die bereit sind, alles zu tun, um ihre Profite zu sichern, und wenn es bedeutet, die «eigene» oder eine «fremde» Bevölkerung zu massakrieren, und sei es, den ganzen Planeten in einen Todesstern zu verwandeln. Anders ist die Politik von Trump, Erdogan, Duterte, Bolsonaro, Johnson, Macron oder Putin, um nur einige zu nennen, nicht zu verstehen. Sie sind die Žižek'schen Ungeheuer: «Die alte Welt stirbt, und die neue Welt ist noch nicht geboren: dies ist die Zeit der Monster», wie Slavoj Žižek in Anlehnung an Antonio Gramsci sagte.[138]

Und wir müssen damit rechnen, dass sie ihre Beute verteidigen. Die Militarisierung der Polizei weltweit ist ein Zeichen dafür, ebenso wie die Durchsetzung von Notstandsgesetzen und andere Arten von autoritären Maßnahmen. Sie bereiten sich vor auf den Fall, dass es den «99 %» reicht und sie aufbegehren. Wie man bei den jüngsten Aufständen wie etwa in Chile, Iran oder Frankreich beobachten konnte, wird es immer schwieriger, gegen eine übermäßig ausgerüstete Polizei und gegen eine Macht zu gewinnen, die sich einen Dreck um die öffentliche Meinung oder die Aufrechterhaltung einer de-

---

137 Dass es Kräfte in der herrschenden Klasse gibt, die durchaus bewusst an einer Eskalation der Klimakatastrophe arbeiten, wird sehr schön in diesem Buch belegt: Mark Alizart: Le Coup d'état climatique. Editions PUF, Paris 2020.

138 Das Original Gransci Zitat: «The crisis consists precisely in the fact that the old is dying and the new cannot be born; in this interregnum a great variety of morbid symptoms appear.» Antonio Gramsci: Selections from the Prison Notebooks, London: Lawrence & Wishart, 1971, p 276.

mokratischen Fassade schert. Das ist das Szenario. Man kann protestieren, solange es das Spektakel, die Datenbank, den Algorithmus füttert und hilft, die Mittel der Kontrolle zu verbessern, aber wenn man diese Grenze überschreitet, was bedeutet, dass man ihren Interessen tatsächlich gefährlich wird, wird man erschlagen.

Die Schlacht kann also wahrscheinlich nicht gewonnen werden, solange wir auf ihrem Terrain bleiben, sowohl militärisch als auch technologisch und diskursiv. Die gute Nachricht ist jedoch, dass *sie uns* brauchen (als Ressourcen und Konsument*innen), aber *wir sie nicht.* Wir können unsere Existenz, unsere Gemeinschaften, unsere Kollaborationen für das vielgestaltige Überleben auf eine andere Art und Weise reproduzieren. Anstatt uns an die Institutionen und Repräsentanten dieser Unterdrückungsmaschine zu wenden – und sie damit anzuerkennen, was eine weitere Falle ist – können wir uns auf uns selbst verlassen und unser Myzel[139] unterhalb des Radars ihrer Technologie weben. Anstatt die Prekarität zu beklagen, die sie uns aufzwingen – die auf jeden Fall verheerend sein kann -, könnten wir sie als Aufforderung begreifen, Alternativen jenseits der Reichweite der Machtstrukturen zu organisieren, die in einer zutiefst anderen Vorstellung vom Leben wurzeln: in Kooperation, Solidarität, Vertrauen und vernakulären Praktiken. Ivan Illich hat diese Art der Existenz schon vor einiger Zeit beobachtet. In einer Rede im Jahr 1988 definierte er elf Techniken der Macht, die Menschen, die er «Refuseniks» taufte, zu vermeiden suchen: «Immer mehr Amerikaner*innen halten es für vernünftig und tugendhaft, sich nicht diagnostizieren, heilen, erziehen, sozialisieren, informieren, unterhalten, unterbringen, beraten, zertifizieren, transportieren oder beschützen zu lassen, wie von ihren professionellen Bevormundern verlangt.»[140] Die Leute hinter dem «Dark Mountain Manifesto» haben diesen Ansatz «Dezivilisierung (Uncivilisation)» genannt.[141]

---

139 Myzele sind die Geflechte der Pilzorganismen. Deleuze benutzte in gleicher Bedeutung den Begriff des Rhizoms, welches ein zentrumsloses Wurzelgeflecht von bestimmten Pflanzen ist.

140 In: The Educational enterprise in the Light of the Gospel. Speech in Chicago Nov 13th 1988.
http://www.davidtinapple.com/illich/1988_Educational.html

141 https://dark-mountain.net/about/manifesto/

Das Vernakuläre

Nachdem wir die Techniken der Macht definiert haben, von denen wir uns lösen sollten, stellt sich die Frage, welcher Art unser Handeln dann sein kann? Ivan Illich hat den alten lateinischen Begriff des Vernakulären ausgegraben und benutzt, um selbstgemachte, hausgemachte, gemeinschaftlich produzierte Werte zu beschreiben, die von einem Menschen geschützt und verteidigt werden können und die nicht auf dem Markt gekauft oder verkauft werden[142]. Für ihn steht dieser Begriff für alles, was gemeinschaftlich ist, dem Volk gehört, vom Volk kontrolliert wird und vom Volk, der Gemeinschaft, verstanden wird; als etwas, das sich dem Eigentum widersetzt; etwas, das in der Praxis geboren wird und von ihr lebt. Etwas, das nicht vorgefertigt ist. Die Sprache kann vernakulär sein, ebenso wie die Wissenschaft oder auch Produkte, und eben: soziale Praktiken.

Versuchen wir, den Gedanken weiterzuführen: Vernakuläre Sprache als eine, die nicht mit der Macht spricht, die nicht mit der Macht kollaboriert oder an sie appelliert. Sie ist nicht geheim, sie verweigert nur den Bezug zum «Offiziellen» (Zugehörigkeit zum Offizium, dem Amt, wo die Kontrolleure sitzen). Das Vernakuläre ist nicht unklar, aber es ist undefiniert, um nicht zu einer Information zu werden, die in die Maschine eingespeist werden kann. Es ist nicht unsichtbar, aber es wird sich nicht erklären, es ist einfach gewöhnlich, es ist einfach da.

Wenn wir unser Schweigen zu einem vernakulären machen, könnte es ein nicht-konformes Schweigen sein. Ein Schweigen, das nur für die Maschine still ist (die, wie Dany vermutet, folglich verrückt werden und zerbrechen könnte, wenn sie mit einer solchen Situation konfrontiert wird, weil sie mit dieser Art von Nicht-Information nicht umgehen kann. Ich stelle mir das als eine Operation wie «durch Null teilen» vor, was mathematisches Kopfzerbrechen verursacht), aber nicht für die Mitmenschen. Wir können diese Haltung bei Arbeiter*innen finden, die sagen: «Nicht mit den Sozialforscher*innen reden», da Redseligkeit die vernakulären Praktiken des Widerstands und der Verweigerung offenbart und mithin obsolet macht, weil sie dem Management bekannt werden. Das Vernakuläre spielt sich un-

142 Siehe Ivan Illich: Schattenarbeit oder vernakuläre Tätigkeiten: Zur Kolonisierung des informellen Sektors. In: Technologie und Politik, 15. Feb. 1980. S. 60. Illich hat den Begriff auch in «Genus. Zu einer historischen Kritik der Gleichheit.» verwendet.

terhalb des Radars der Machtstruktur und ihrer Datenverarbeitungsmaschinen ab. Eine Geschichte des Moskauer Soziologen Theodor Shanin mag dies verdeutlichen.[143] Auf dem Ivan-Illich-Symposium in Bremen, ein Jahr nach Illichs Tod, erzählt er von einer Studiengruppe, die nach Sibirien fuhr, um herauszufinden, wie die Menschen überlebten, obwohl ihre Löhne seit Monaten nicht mehr gezahlt wurden. Auf die Frage, was sie herausgefunden hätten, erklärten sie lediglich, dass sie beschlossen hätten, ihre Ergebnisse nicht zu veröffentlichen, um die Überlebenspraktiken, die sie beobachtet hatten, nicht zu zerstören, indem sie der Machtstruktur bekannt würden. Asef Bayad beschreibt ähnliche Praktiken in seinem Buch «Leben als Politik. Wie gewöhnliche Menschen den Nahen Osten verändern».[144] Das extremste Beispiel dürfte der Iran sein, wo die Menschen seit Jahrzehnten gewohnt sind, ein «offizielles» Leben zu führen, in dem sie vorgeben, die Regeln einzuhalten, während sie diese nach und nach aushöhlen, und ein «privates» Leben, in dem sie all die Dinge tun, die vom Regime verboten sind.[145] Diese Dinge werden nicht als revolutionäre Strategien oder so proklamiert, sie existieren einfach.

Eine vernakuläre Alternative zum Strafjustizsystem?

Wie Heinz Steinert[146] hervorgehoben hat, erkennen wir die Strafjustiz an, wenn wir uns mit einem Problem an sie wenden, und akzeptieren somit ihre Herrschaft und ihre Definition. Unser «Problem» wird zu einer «Straftat», das von einem Apparat der Kontrolle und Bestrafung behandelt wird. Indem wir die Dienstleistung der Strafjustiz in Anspruch nehmen, akzeptieren

143 M. Gronemeyer: Wer arbeitet, sündigt, Darmstadt 2012, S. 177 f.

144 Asef Bayat: Life as Politics: How Ordinary People Change the Middle East. Stanford: Stanford University Press, 2009.

145 Das ist allgemein bekannt, aber siehe unter anderem: Mahmoud Hosseini Zad: «Wir im Iran haben alle ein Doppelleben.» Deutschlandfunk Kultur https://www.deutschlandfunkkultur.de/kulturvermittler-mahmoud-hosseini-zad-wir-im-iran-haben.1270.de.html?dram:article_id=388282 Oder hier: «Much of Iran's youth are living a double life today, caught in the middle of a culture clash between the East and the West.» https://cnnphotos.blogs.cnn.com/2014/03/11/the-double-lives-of-iranian-youth

146 Vgl.. Heinz Steinert: Vom Ende des Strafvollzugs. Ein Leitfaden für Abolitionisten, Bielefeld: AJZ, 1988.

wir ihre Sichtweise und bleiben in ihrer Maschinerie stecken, die, wie Steiner behauptete und die Opferforschung seither bestätigt hat[147], selten unseren Bedürfnissen dient und uns mit dem Verfahren und seinen Ergebnissen unzufrieden zurücklässt. Jegliche Beteiligung an der Strafjustiz, und sei es mit einer noch so reformerischen Absicht, ist implizit eine Bejahung ihrer Existenz und ihrer allgemeinen Kompetenz und Zuständigkeit. Wie ich oben entwickelt habe, füttern unsere Teilnahme und unser Widerstand die homöostatische Maschine und helfen ihr, stärker und perfekter zu werden, und die Strafjustiz kann als eine solche Maschine verstanden werden. Der Abolitionismus muss daher nach Alternativen suchen, die völlig außerhalb der Strafjustiz, ihren Institutionen, Interpretationen, Logiken und Definitionen liegen. Und diese Alternativen müssen es vermeiden, die Maschine zu füttern, vielmehr sollten sie dazu beitragen, sie auszubluten.

Die Frage ist, können Praktiken der Restorative Justice eine solche Alternative darstellen? Darauf habe ich keine eindeutige Antwort, vielmehr möchte ich dies zur Diskussion in den Raum stellen.

Der Begriff Restorative Justice beschreibt eine ganze Reihe von Praktiken des Umgangs mit Verletzungen, Schadenszufügungen und dem, was Menschen als «Ungerechtigkei» empfinden. Sie konzentriert sich auf Wiedergutmachung und Dialog; Entschuldigung, Reue, Vergebung, Frieden und sogar Heilung können Teil des Prozesses sein. Ihre Kernprinzipien sind freiwillige Teilnahme, Verantwortungsübernahme, Gleichheit der Beteiligten, Selbstbestimmung über das Ergebnis, Einbeziehung der Betroffenen und Beteiligten, Empathie, Zuhören, authentisches Sprechen. RJ zielt darauf ab, die Zukunft zu gestalten, anstatt zu versuchen, eine «Wahrheit» über die Vergangenheit zu rekonstruieren.

Es ist, um es kurz zu machen, ein organisiertes und moderiertes großes Palaver, das je nach Praktik einem bestimmten Satz von Regeln und Prinzipien folgt. Restorative Justice bedeu-

147 Vgl.: Inge Vanfraechem, Daniela Bolivar & Ivo Aertsen (Hg): Victims and Restorative Justice. Routledge, London 2015 oder Inge Vanfraechem, Antony Pemberton & Felix Mukwiza Ndahinda (Hg): Justice for Victims. Perspectives on rights, transition and reconciliation. Routledge, London 2014.

tet vor allem, die Verantwortung für unsere Konflikte zurückzuholen, die uns von der Justiz enteignet und in »Straftaten" verwandelt wurden, wie Nils Christie in seinem berühmt gewordenen Aufsatz feststellte.[148]

Die Wurzeln von RJ sind uralt und im besten Sinne des Wortes «unzivilisiert», d.h. nicht-institutionell, nicht-entfremdet, nicht-anonym, informell. Unterschiedliche Varianten davon sind in fast allen indigenen und staatenlosen oder nomadischen Gesellschaften zu finden. Dieser «unzivilisierte» Aspekt hat etwas vom Vernakulären und das ist der Grund, warum ich glaube, dass RJ möglicherweise eine solche Alternative darstellen kann. Eine Alternative, die die Individuen und ihre Gemeinschaften stärkt, indem diese sich um ihre Konflikt-Allmende kümmern und die Maschine schwächt, weil die Leute ihr diese Konfliktenergie entziehen, ihr die Kompetenz absprechen und überhaupt aufhören, sich an sie zu wenden. Es gibt noch weitere Aspekte, die viel weiter über den Horizont der Strafjustiz hinausführen. Unzivilisierte oder vernakuläre Praktiken können uns ermächtigen und auf die Zeiten des Zusammenbruchs vorbereiten, die uns höchstwahrscheinlich bevorstehen, und sie anerkennen, feiern und betonen indigene Beiträge zur Menschheit, welche durch die Herrschaft des weißen Mannes und seiner Zivilisation so furchtbar zerstört worden sind.

---

148 Vgl Nils Christie: Conflicts as Property. *The British Journal of Criminology*, Volume 17, Issue 1, January 1977, Pages 1–15, https://doi.org/10.1093/oxfordjournals.bjc.a046783

Anhang

Medienhinweise

Texte und Bücher zu Restorative Justice

Auf deutsch

CARA: Das Risiko wagen. Strategien für selbstorganisierte und kollektive Verantwortungsübernahme bei sexualisierter Gewalt, übersetzt und mit Einführung vom Transformative Justice Kollektiv Berlin. www.transformativejustice.eu/wp-content/uploads/2017/04/Das-Risiko-wagen.pdf

Frank Früchtel / Anna-Maria Halibrand: Restorative Justice. Theorie und Methode für die Soziale Arbeit. Springer VS, Wiesbaden 2016.

Howard Zehr: Fairsöhnt: Restaurative Gerechtigkeit – wie Opfer und Täter heil werden. Neufeld Verlag, Schwarzenfeld 2010.

Jan de Cock: Hotel Pardon. Wege der Vergebung. Kunth Verlag, München 2015.

Marshall B. Rosenberg: Gewaltfreie Kommunikation – eine Sprache des Lebens. Junfermann, Paderborn 2017.

Martin Hagenmaier: Straftäter und ihre Opfer. Restorative Justice im Gefängnis. TBT Verlag, Sierksdorf 2016.

Melanie Brazzell (Hg): Was macht uns wirklich sicher? Ein Toolkit zu intersektionaler, transformativer Gerechtigkeit jenseits von Gefängnis und Polizei. edition assemblage, Münster 2018.

RESPONS: Was tun bei sexualisierter Gewalt? Handbuch für die Transformative Arbeit mit gewaltausübenden Personen. Unrast Verlag, Münster 2018.

Thordis Elva & Tom Stranger: Ich will Dir in die Augen sehen. Knaur Verlag, München 2017.

Tilman Lutz: Restorative Justice – Visionäre Alternative oder Version des Alten? Literaturverlag, Münster 2002.

Christa Pelikan, Katrin Kremmel & Gabriele Grunt: Gemeinschaftskreise. Anregungen und Anleitungen für PraktikerInnen. Projekt ALTERNATIVE der EU. E-book.

TOA-Magazin – Zeitschrift für Täter-Opfer-Ausgleich und Konfliktschlichtung. https://www.toa-servicebuero.de/magazine

Online

Strafvollzugsarchiv in Dortmund: https://www.fh-dortmund.de/de/fb/8/forschung/sva/start_sva.php

Auf englisch

Die «Little Books» Reihe des Center for Justice and Peacebuilding der Eastern Mennonite University: https://emu.edu/cjp/resources/little-books

The Little Book of Restorative Justice von Howard Zehr (in deutsch: «Fairsöhnt» im Neufeld Verlag).

The Little Book of Family Group Conferences von Alan MacRae und Howard Zehr.

The Little Book of Circle Processes: A New/Old Approach to Peacemaking von Kay Pranis.

The Little Book of Victim Offender Conferencing von Lorraine Stutzman Amstutz.

The Little Book of Restorative Discipline for Schools von Lorraine Stutzman Amstutz und Judy H. Mullet.

The Little Book of Restorative Justice for People in Prison: Rebuilding the Web of Relationships von Barb Toews.

The Little Book of Trauma Healing by Carolyn Yoder.

The Little Book of Transformative Community Conferencing von David Anderson Hooker.

The Little Book of Conflict Transformation von John Lederach.

The Little Book of Strategic Peacebuilding von Lisa Schirch.

The Little Book of Race and Restorative Justice von Fania E. Davis.

The Little Book of Restorative Justice for Sexual Abuse von Judah Oudshoorn, Lorraine Stutzman Amstutz, Michelle Jackett.

The Little Book of Justice for Older Adults von Julie Friesen and Wendy Meek.

Gerry Johnstone: Restorative Justice. Ideas, Values, Debates. Second Edition. Routledge, London & New York 2011.

Ivo Aertsen & Brunilda Pali: Critical Restorative Justice. Hart Publishers, Oxford & Portland, Oregon 2017.

Inge Vanfraechem, Daniela Bolivar & Ivo Aertsen (Hg): Victims and Restorative Justice. Routledge, London 2015.

Communities Engaged in Resisting Violence www.issuelab.org/resource/communities_engaged_in_resisting_violence

Creative Interventions Toolkit: A Practical Guide to Stop Interpersonal Violence www.creativeinterventions.org/tools/toolkit/

Philly Stands Up Portrait of Praxis www.phillystandsup.com/PDFS/portrait%20of%20praxis.pdf

Project Nia: Transformative Justice, A Curriculum Guide https://niastories.files.wordpress.com/2013/08/tjcurriculum_design_small-finalrev.pdf

Toward Transformative Justice www.generationfive.org/wp-content/uploads/2013/07/G5_Toward_Transformative_Justice-Document.pdf

Zu Strafe, Gefängnis, Abolitionismus

Auf deutsch

Arno Plack: Plädoyer für die Abschaffung des Strafrechts. List Verlag, München 1974.

Birgit Mennel / Monika Mokre (Hg.): Das große Gefängnis, transversal texts, Wien 2015.

Daniel Loick(Hg): Kritik der Polizei. Campus, Frankfurt am Main 2018.

Didier Fassin: Der Wille zum Strafen. Suhrkamp, Berlin 2018.

Geoffroy de Lagasnerie: Verurteilen. Der strafende Staat und die Soziologie. Suhrkamp, Berlin 2017.

Gerhard Hanak, Johannes Stehr, Heinz Steinert: Ärgernisse und Lebenskatastrophen. Über den alltäglichen Umgang mit Kriminalität. AJZ Verlag Bielefeld 1989.

Jan de Cock: Hotel Prison. Tagebuch einer außergewöhnlichen Reise. Kunth Verlag, München 2015.

Loïc Wacquant: Bestrafen der Armen. Zur neoliberalen Regierung der sozialen Unsicherheit. Verlag Barbara Budrich, Opladen/Berlin/Toronto 2013.

Michel Foucault: Überwachen und Strafen. Die Geburt des Gefängnisses. Suhrkamp, Frankfurt a. M. 1994 [1976].

Nils Christie: Grenzen des Leids. AJZ Verlag, Bielefeld 1986.

Nils Christie: Kriminalitätskontrolle als Industrie. Auf dem Weg zu Gulags westlicher Art. Centaurus Verlagsgesellschaft, Pfaffenweiler 1995.

Rehzi Malzahn (Hg): Strafe und Gefängnis. Theorie, Kritik, Alternativen. Eine Einführung. Schmetterling, Stuttgart 2018.

Auf englisch

Angela Y. Davis: Abolition Democracy. Beyond Empire, Prisons, and Torture. Seven Stories Press, New York 2005.

Angela Y Davis:, Syna Dent, Beth Richie, Eric. R. Meines: Abolition. Feminism. Now. Haymarket Books, Chicago 2022.

David Scott: Against Imprisonment. An Anthology of Abolitionist Essays. Waterside Press, Sherfield on Loddon 2018.

Derecka Purnell: Becoming Abolitionists. Verso Books, London 2021.

Michael J. Coyle & David Scott: The Routledge International Handbook of Penal Abolitionism. Routledge, London 2021.

Michelle Alexander: The New Jim Crow. Mass Incarceration in the Age of Colorblindness. The New Press, New York 2012.

The Critical Resistance 10 Publications Collective (Hg): Abolition Now! Ten Years of Strategy and Struggle Against the Prison Industrial Complex. AK Press, Oakland, CA 2008.

A World Without Walls: *Critical Resistance Abolition Organizing Toolkit* criticalresistance.org/resources/the-abolitionisttoolkit/

A World Without Walls: *Stopping Harm and Abolishing the Prison Industrial Comple*x. The Abolitionist Newspaper http://www.usprisonculture.com/blog/wp-content/uploads/2012/03/worldofwalls.pdf

Kaepernick Publishing: *Abolition for the people*. Collection of abolitionist essays. level.medium.com/abolition-for-the-people-397ef29e3ca5?gi=sd

Auf französisch

Gwenola Ricordeau: Pour elles toutes. Femmes contre la prison. Lux, Quebec 2019.

Gwenola Ricardeau (Hg): Penser L'abolitionisme pénal. Editions Grévis, Caen 2021.

Catherine Baker: Pourquoi faudrait-il punir? Editions Tahin Party.

Zu Rechtstheorie

Laurent de Sutter: Nach dem Gesetz. Matthes & Seitz, Berlin 2020.

Hermann Amborn: Das Recht als Hort der Anarchie. Reihe Fröhliche Wissenschaft, Matthes & Seitz, Berlin 2016.

Uwe Wesel: Zur Entstehung von Recht in frühen Gesellschaften. www.kj.nomos.de/fileadmin/kj/doc/1979/19793Wesel_S_233.pdf

Indigenes Denken

Andreas Weber: Sharing Life. Animism as Ecopolitical Practice. Heinrich Böll Stiftung 2020.

The Union of the Condor, Quetzal and Eagle: Foundation Documents. 2020.

Filme

Another Justice (Une autre justice). Dokumentarfilm von Isabelle Vayron and Chloé Henry-Biabaud, Talweg Produktion, Frankreich 2016 (VOD auf englisch: https://vimeo.com/ondemand/anotherjustice)

Beyond Punishment. Dokumentarfilm von Hubertus Siegert, Deutschland 2015, 104min, im Verleih der Piffl Medien AG.

Hollow Water. Dokumentarfilm von Bonnie Dickie, Kanada 2000, 48min, englisch. https://www.nfb.ca/film/hollow_water/

Konfliktlösung durch Restorative Justice. Dominic Barter spricht über Restorative Circles (Englisch) http://youtu.be/bazgiTyieKo

The Power of Outrospection. RSA-Kurzfilm über Empathie (Englisch) http://youtu.be/BG46IwVfSu8

To Germany, with love (Original:The worst thing). Dokumentarfilm von Desireena Almoradie, Deutschland/USA 2019, 84 min.

Von der Beraubung der Zeit — Ein Film über das Gefängnis. Buch und Regie: Daniel Poštrak und Jörn Neumann, Deutschland 2014, 79 min., field recordings Filmproduktion. Im Verleih von Real Fiction Filmverleih.

Je ne te voyais pas (I did not see you). Dokumentarfilm von François Kohler, 75 min, de & fr mit UT, PS Productions, Schweiz 2019.

Bibliographie

Alan MacRae & Howard Zehr: The Little Book of Family Group Conferences. Good Books / Skyhorse Publishing, New York 2004.

Andreas Weber: Sharing Life. Animism as Ecopolitical Practice. Heinrich Böll Stiftung 2020.

Anna Lowenhaupt Tsing: The Mushroom at the End of the World: On the Possibility of Life in Capitalist Ruins. Princenton University Press 2017.

Arthur Hartmann, Marie Schmidt & Hans-Jürgen Kerner: Täter-Opfer-Ausgleich in Deutschland. Auswertung der bundesweiten Täter-Opfer-Ausgleich-Statistik für die Jahrgänge 2017 und 2018, Bericht für das Bundesministerium der Justiz und für Verbraucherschutz, Forum Verlag Godesberg GmbH, Mönchengladbach 2020.

Asef Bayat: Life as Politics: How Ordinary People Change the Middle East. Stanford University Press, Stanford 2009.

Brian Steels & Dot Goulding: Community Involvement in Probation and Non-Custodial Measures. ASEAN+3 Conference on Probation and Custodial Measures, Bangkok April 2013.

Brunilda Pali & Karin Sten Madsen: Dangerous Liaisons? A Feminist and Restorative Approach to Sexual Assault. Temida, Zrtve i restorativna pravda, März 2011, S. 49–65.

Brunilda Pali & Silvia Randazzo: Restorative Justice mit Kindern – ein Handbuch. International Juvenile Justice Observatory, 2018.

Christa Pelikan, Katrin Kremmel & Gabriele Grunt: Gemeinschaftskreise. Anregungen und Anleitungen für PraktikerInnen. Projekt ALTERNATIVE der EU. E-book.

Christoph Willms: Täter-Opfer-Ausgleich Eine Geschichte der «lautlosen Disziplinierung» der Restorative Justice in Deutschland. Kriminologisches Journal 3/2020, S. 231.

Corey Burton &, Richard Tewksbury: How Families of Murder Victims Feel Following the Execution of Their loved One's Murderer, Journal of Qualitative Criminal Justice & Criminology 2013.

Daniel Luedtke: Progression in the Age of Recession: Restorative Justice and White Collar Crime in Post-Recession America. Brookly Journal of Corporate, Financial & Commercial Law, Vol. 9 Issue 1, Article 14, 2014, S. 311–334.

David Anderson Hooker: The Little Book of Transformative Community Conferencing. Good Books / Skyhorse Publishing, New York 2016.

David O'Mahony & John Doak: Reimagining Restorative Justice. Bloomsbury, New York 2017.

David R. Karp: The Little Book of Restorative Justice for Colleges and Universities. Good Books / Skyhorse Publishing, New York 2019.

Diana Johns: The role of community in restorative justice conferencing. Occasional Series in Criminal Justice and International Studies, RMIT Publishing, Melbourne 2009.
https://doi.org/10.2139/ssrn.2441065

Don John O. Omale: Justice in History: An Examination of «African Restorative Traditions» and the Emerging «Restorative Justice» Paradigm. African Journal of Criminology & Justice Studies; Volume 2, No. 2, November 2006.

Dorothee & Helge Peters, Legitimationswissenschaft. Zur sozialwissenschaftlichen Kritik an der Kriminologie und an einen Versuch, kriminologische Theorien zu überwinden, in: Arbeitskreis Junger Kriminologen, Kritische Kriminologie. Positionen, Kontroversen und Perspektiven, München 1974, S. 113–131.

Dot Goulding & Brain Steels: Ten Years on: The Three Circles Model of Restorative and Transformative Justice: a Tool to Combat Victimization and Recidivism. Asian Journal of Criminology 8, 2013, S. 321–333.
https://doi.org/10.1007/s11417-013-9162-6

Elias Canetti: The human province. Seabury Press, New York 1978.

Elmar Weitekamp & Hans-Jürgen Kerner: Restorative Justice in Context. International Practice and Directions. Willan Publishing, Cullompton, UK 2003.

European Forum for Restorative Justice: Connecting People to Restore Just Relations. Practice Guide on Values and Standards for Restorative Jusitce Practices. Leuven 2018.

European Forum for Restorative Justice: Environmental Justice: Restoring the Future. Toward a Restorative Environmental Justice Praxis. Leuven 2019.

European Forum for Restorative Justice: Thematic Brief on Restorative Cities. Leuven 2020.

European Forum for Restorative Justice: Thematic Brief on Restorative Environmental Justice. Leuven 2020.

European Forum for Restorative Justice: Thematic Brief on Restorative Justice and Child Justice. Leuven 2020.

European Forum for Restorative Justice: Thematic Brief on Restorative Justice and Sexual Violence. Leuven 2020.

Fania E. Davis: The Little Book of Race and Restorative Justice. Good Books / Skyhorse Publishing, New York 2019.

Frank Früchtel & Anna-Maria Halibrand: Restorative Justice. Theorie und Methode für die Soziale Arbeit. Springer VS, Wiesbaden 2016.

Geoffroy de Lagasnerie: Verurteilen. Der strafende Staat und die Soziologie. Suhrkamp, Berlin 2017.

Gerhard Hanak, Johannes Stehr, Heinz Steinert: Ärgernisse und Lebenskatastrophen. Über den alltäglichen Umgang mit Kriminalität. AJZ Verlag Bielefeld 1989.

Gerry Johnstone: Restorative Justice. Ideas, Values, Debates. Second Edition. Routledge, London & New York 2011.

Hans-Christian Dany: Morgen werde ich Idiot. Kybernetik und Kontrollgesellschaft. Hamburg: Edition Nautilus, 2013.

Hans-Jürgen Kerner & Elmar Weitekamp: Praxis des Täter-Opfer-Ausgleichs in Deutschland, Bundesministerium der Justiz, Berlin 2013.

Heinz Steinert: Vom Ende des Strafvollzugs. Ein Leitfaden für Abolitionisten, Bielefeld: AJZ, 1988.

Howard Zehr: Doing Justice, Healing Trauma: The Role of Restorative Justice in Peacebuilding. Peace Prints, South Asian Journal of Peacebuilding, Vol.1 No.1 Spring 2009.

Inge Vanfraechem, Antony Pemberton & Felix Mukwiza Ndahinda (Hg): Justice for Victims. Perspectives on rights, transition and reconciliation. Routledge, London 2014.

Inge Vanfraechem, Daniela Bolivar & Ivo Aertsen (Hg): Victims and Restorative Justice. Routledge, London 2015.

Ivan Illich, Die Beredsamkeit des Schweigens, in: Klarstellungen. Pamphlete und Polemiken, C.H. Beck, München, 1996.

Ivan Illich: Schattenarbeit oder vernakuläre Tätigkeiten: Zur Kolonisierung des informellen Sektors. In: Technologie und Politik, 15. Feb. 1980.

Ivo Aertsen & Brunilda Pali: Critical Restorative Justice. Hart Publishers, Oxford 2017.

Jan de Cock: Hotel Pardon. Wege der Vergebung. Kunth Verlag, München 2015.

Jan de Cock: Hotel Prison. Tagebuch einer außergewöhnlichen Weltreise. Kunth Verlag, München 2015.

Janet Chan, Jane Bolitho and Jenny Bargen: Restorative Justice as an Innovative Response to Violence. In: Julie Stubbs & Stephen Thomsen (Hg): Australian Violence: Crime, Criminal Justice and Beyond. The Federation Press, Alexandria NSW (AUS) 2016 S. 230–247.

John Braithwaite & Gilbert Geis: On Theory and Action for Corporate Crime Control. Crime and Delinqency, April 1982.

John Braithwaite & Heather Strang: *Connecting Philosophy and Practice*. In Theo Gavrielides: Restorative Justice Philosphy to Practice. Routledge, London 2000, S. 203–220.

John Braithwaite: A Future Where Punishment Is Marginalized – Realistic or Utopian? UCLA Law Review 46, 1999 S.1727–1750.

John Braithwaite: Accountability and Responsibility through Restorative Justice. In: Michael Dowdle (Hg): Rethinking Public Accountability, Cambridge University Press, Cambridge 2006, S. 33–51.

John Braithwaite: Applying Some Lessons from Japanese and Maori Culture to the Reintegrative Shaming of Criminal Offenders. Address to Joint Congress of the Japanese Association of Criminal Psychology and the Societies of Criminology, Sociological Criminology and Victimology, Tokyo, 13.11.1994.

John Braithwaite: Challenging Just Deserts: Punishing White Collar Criminals. The Journal of Criminal Law and Criminology. Vol. 73 No. 2 1982, S. 723–763.

John Braithwaite: Democracy, Community and Problem Solving. In: Gale Burford & Joe Hudson: Family Group Conferencing. New Directions in Community-Centered Child and Family Practice, Routledge, London 2000, S. 31–39.

John Braithwaite: Principles of Restorative Justice. In: Andrew von Hirsch, Julian Roberts, Anthony E. Bottoms, Kent Roach & Mara Schiff (Hg): Restorative Justice and Criminal Justice: Competing or Reconcilable Paradigms? Hart Publishing, Oxford 2003, S. 1–20.

John Braithwaite: Redeeming the «F» Word in Restorative Justice. Oxford Journal of Law and Religion, Nr. 5 / 2016, S. 79–93.

John Braithwaite: Restorative Justice and a better future. Dalhousie Law Review, spring 1996, 76:1, S. 9–32.

John Braithwaite: Restorative Justice: Theories and Worries. 123rd International Senior Seminar Visiting Experts' Papers, Ressource Material Series No. 63.

Juan Marcellus Tauri: Indigenous Critique of Authoritarian Criminology. In Kerry Carrington, Matthew Ball, Erin O'Brien. & Juan M. Tauri (Hg): Crime, Justice and Social Democracy. Critical Criminological Perspectives. Palgrave Macmillan, London 2013. S. 217–233.

Judah Oudshoorn, Lorraine Stutzman Amstutz, Michelle Jackett: The Little Book of Restorative Justice for Sexual Abuse. Good Books / Skyhorse Publishing, New York 2015.

Julie Friesen and Wendy Meek: The Little Book of Justice for Older Adults. Good Books / Skyhorse Publishing, New York 2017.

June Terpstra: Indigenous Models of Justice: Moving Beyond Tragedies. 2013
https://www.academia.edu/3586790/Indigenous_Models_of_Justice_Moving_Beyond_Tragedies. Letzter Zugriff 28.7.2021

June Terpstra: Restorative Justice and Transformative Justice. Research Report, 2.8.2013.

https://www.academia.edu/4177467/Restorative_and_Transformative_Justice_Research_Report. Letzter Zugriff 28.7.2021

Kathleen Daly: Conferencing in Australia and New Zealand: Variations, Research Findings, Prospects. In: Allison Morris & Gabrielle Maxwell (Hg): Restorative Justice for Juveniles: Conferencing, Mediation and Circles. Hart Publishing, Oxford 2001, S. 59–83.

Kay Pranis: The Little Book of Circle Processes: A New/Old Approach to Peacemaking. Good Books / Skyhorse Publishing, New York 2005.

Laura Mirsky: Restorative Justice Practices of Native American, First Nation and Other Indigenous People of North America: Part One. https://www.iirp.edu/news/restorative-justice-practices-of-native-american-first-nation-and-other-indigenous-people-of-north-america-part-one. Letzter Zugriff 28.7.2021.

Laurent de Sutter: Nach dem Gesetz. Matthes & Seitz, Berlin 2020.

Lode Walgrave & Ivo Aertsen: Reintegrative Shaming and Restorative Justice. Interchangeable, Complementary or Different? European Journal on Criminal Policy and Research Vol. 4 No.4, S. 67–85.

Lode Walgrave & John Braithwaite: Guilt, Shame and Restoration. Artikel für «Justitiele Verkenningen», Den Haag, Niederland am 21. März 1999.

Lorraine Stutzman Amstutz: The Little Book of Victim Offender Conferencing. Good Books / Skyhorse Publishing, New York 2009

Mark Austin Walters & Carolyn Hoyle: Exploring the Everyday World of Hate Victimization Through Community Mediation. International Review of Victimology, Vol. 18 No.1, 2011, S. 7–24.

Mark Austin Walters: Hate Crime and Restorative Justice. Exploring Causes, Repairing Harms. Oxford University Press, Oxford 2014.

Marla L. Domino & Marcus T. Boccaccini: Doubting Thomas: Should Family Members of Victims Watch Executions? Law and Psychology Review, 24, 2000.

Marshall B. Rosenberg: Gewaltfreie Kommunikation – eine Sprache des Lebens. Junfermann, Paderborn 2017.

Martin Hagenmaier: Straftäter und ihre Opfer. Restorative Justice im Gefängnis. TBT Verlag, Sierksdorf 2016.

Melanie Brazzell (Hg): Was macht uns wirklich sicher? Ein Toolkit zu intersektionaler, transformativer Gerechtigkeit jenseits von Gefängnis und Polizei. edition assemblage, Münster 2018.

Melanie Randall & Lori Haskell: Trauma-Informed Approaches to Law: Why Restorative Justice Must Understand Trauma and Psychological Coping. The Dalhousie Law Journal 36, 2013, S. 501–533.

Melanie Randall: Restorative Justice and Gendered Violence? From Vaguely Hostile Skeptic to Cautious Convert: Why Feminists Should Critically Engage with Restorative Approaches to Law. The Dalhousie Law Journal 36, 2013 S. 461–499.

Mennonite Central Committee: Justice: The Restorative Vision. New Perspectives on Crime and Justice, Occasional Papers of the MCC Canada Victim Offender Ministries Program and the MCC U.S. Office of Criminal Justice, No.7, Februar 1989.

Meredith Rossner: Healing Victims and Offenders and Reducing Crime: A Critical Assessment of Restorative Justice Practice and Theory. Sociology Compass 2/6 2008, S. 1734–1749.

Michael Lawrence Goodwin: 3 Brandeis Journal of Family Law 36, Nr. 4, 1997.

Michael Wenzel, Tyler G. Okimoto, Norman T. Feather & Michael J. Platow: Retributive and Restorative Justice. Journal of Law and Human Behaviour, Vol. 32 No. 5, 2007 S. 375–389.

Michel Foucault: Überwachen und Strafen. Die Geburt des Gefängnisses. Suhrkamp, Frankfurt a. M. 1994 [1976].

Nils Christie: Conflicts as Property. The British Journal of Criminology, Volume 17, Issue 1, January 1977.

Nils Christie: Grenzen des Leids. AJZ Verlag, Bielefeld 1986.

Nils Christie: Kriminalitätskontrolle als Industrie. Auf dem Weg zu Gulags westlicher Art. Centaurus Verlagsgesellschaft, Pfaffenweiler 1995.

Nils Christie: The Ideal Victim. In E. Fattah (Hg.): From Crime Policy to Victim Policy. Basingstoke 1986, S. 17–30.

Peerspirit: Basisrichtlinien für Circle-Treffen. www.peerspirit.com. Letzter Zugriff 28.7.2021.

Rehzi Malzahn (Hg): Strafe und Gefängnis. Theorie, Kritik, Alternativen. Eine Einführung. Schmetterling, Stuttgart 2018.

RESPONS: Was tun bei sexualisierter Gewalt? Handbuch für die Transformative Arbeit mit gewaltausübenden Personen. Unrast Verlag, Münster 2018.

Rosa Loxemburg: Die Akkumulation des Kapitals. III/31.

Schönke/Schröder Strafgesetzbuch: StGB Kommentar. CH Beck, München 2019.

Servicebüro für Täter-Opfer-Ausgleich und Konfliktschlichtung: STANDARDS für Mediation in Strafsachen im Rahmen des Täter-Opfer-Ausgleichs. 7. überarbeitete Auflage. Köln 2017.

Servicebüro für Täter-Opfer-Ausgleich und Konfliktschlichtung: TOA-Magazin. Fachzeitschrift zum Täter-Opfer-Ausgleich. Sämtliche Ausgaben 2014–2021.

The Circle Way: Basic Guidelines for Calling a Circle. www.thecircleway.net. Letzter Zugriff 28.1.2021.

The Union of the Condor, Quetzal and Eagle: Foundation Documents. 2020.

Theo Gavrielides: Restorative Practices: From the Early Societies to the 1970s. Internet Journal of Criminology, 2011.

Thierry Pacquot: Ivan Illich, Denker und Rebell. Beck, München 2017.

Tilman Lutz: Restorative Justice – Visionäre Alternative oder Version des Alten? Literaturverlag, Münster 2002.

Tim Newburn & Elizabeth Stanko (Hg): Just Boys Doing Business, Routledge, London 1994.

Vince Mercer, Karin Sten Madsen, Marie Keenan & Estelle Zinsstag: Doing Restoraive Justice in Cases of Sexual Violence. A practice guide. Leuven Institute of Criminology & DAPHNE project, Leuven 2015.

William R. Wood & Masahiro Suzuki: Are Conflicts Property? Re-Examining the Ownership of Conflict in Restorative Justice. Journal for Social and Legal Studies Vol .29 No. 6 2020, S. 903–924.

William R. Wood & Masahiro Suzuki: Four Challenges in the Future of Restorative Justice. Victims & Offenders Journal 2016 S. 1–24.

William R. Wood & Masahiro Suzuki: Restorative Justice Conferencing as a «Holistic» Process: Convenor Perspectives. Current Issues in Criminal Justice Vol. 28 No. 3, 2017 S. 277–292.

William R. Wood: Why Restorative Justice Will Not Reduce Incarceration. British Journal of Criminology Vol. 55 No. 5, Oxford University Press 2015, S. 883–900.

Rehzi Malzahn:

Strafe und Gefängnis

Theorie, Kritik, Alternativen. Eine Einführung

Reihe BLACK BOOKS
267 Seiten, kartoniert, 16.80 EUR
ISBN 3-89657-088-9

Obwohl Strafe ein Kern von Herrschaft ist, weil sie immer Institutionen bedarf, die sie ausführen, und immer bedeutet, dass sich ein Individuum über das andere erhebt, ist die Kritik der Strafe und des Gefängnisses als zentrale Strafinstitution moderner Gesellschaften in linken Kreisen eine Seltenheit. Noch weniger als über Strafe und Gefängnis wird aber über mögliche Alternativen gesprochen, geschweige denn Entsprechendes ausprobiert.

Dieses Einführungswerk soll hier Abhilfe schaffen. Der Sammelband vereint zum ersten Mal Kritik an Strafe und Gefängnis mit einer Präsentation möglicher Alternativen für ein linkes Publikum. Neben Vorstellungen von Straftheorien und kritischer Kriminologie stehen Beiträge über Gefängniskritik, Wortmeldungen aus dem Gefängnis und Gedankenspiele zu seiner Abschaffung. Mit den Konzepten Restorative Justice und Transformative Justice – zu deutsch irgendetwas zwischen «heilende Gerechtigkeit» und «transformierende Unrechtsbewältigung» – werden handfeste Alternativen aufgezeigt. Wissenschaftliche, essayistische und politisch-aktivistische Beiträge ergänzen dabei einander.

*Verbunden mit einem akzeptablen Preis von 16,80 Euro bei 280 Seiten halte ich diesen Titel geeignet für alle am Thema Gefängnis Interessierten. Den Einsteiger*innen bietet es erste Orientierung im Feld und Fachleute halten eine kompakte Zusammenschau des aktuellen Stands der internationalen Debatte in den Händen.*

Thomas-Dietrich Lehmann,
Gefängnisseelsorger in der
JVA Berlin-Moabit

schmetterling verlag

Ulrich Lewe

Vorbeugende Anhaltung

Der Maßregelvollzug – das Schwarze Loch im Psychiatrieuniversum

Reihe BLACK BOOKS
Ca. 280 Seiten, kartoniert, ca. 16,80 EUR, ISBN 3-89657-038-2,

Das deutsche Strafgesetzbuch hält für seine erwachsenen BürgerInnen zwei Sanktionssysteme bereit: erstens den Strafvollzug und zweitens die Maßregeln der Besserung und Sicherung, kurz: Maßregelvollzug.

Im Strafvollzug nimmt die Anzahl der Gefängnisinsassen seit Jahren kontinuierlich ab und es gibt eine relativ breite Diskussion über den Sinn und Unsinn dieser Institution. Im psychiatrischen Maßregelvollzug nach § 63 StGB steigt die Anzahl der Internierten hingegen deutlich an. Kritik an ihm gibt es nur im Einzelfall, meist wegen spektakulären Fehlverhaltens Verantwortlicher; Beispiel: Der Fall Gustl Mollath. Danach geht dann das business weiter as usual.

Das Buch zeichnet juristische und inhaltliche Kontinuitäten des psychiatrischen Maßregelvollzuges aus (vor-)faschistischen Zeiten bis heute nach, ordnet aktuelle Entwicklungen in die Rechtsentwicklung der Republik ein und zeigt, wie viel Umsatz in dieser Sektion des Sicherheitsbusiness gemacht wird. Es durchbricht das Informationsmonopol der Mainstreampsychiatrie und lässt Betroffene mit eigenen Beiträgen zu Wort kommen.

Europäische und deutsche Sozial- und Gesundheitsstatistiken werden ausgewertet, methodenkritische Überlegungen angestellt und eigene statistische Berechnungen durchgeführt, die man so in keinem Lehrbuch findet. Schließlich werden zentrale Glaubenssätze der forensischen Psychiatrie hinterfragt und systematische Menschenrechtsverletzungen des Systems entlarvt.

Den geschilderten Missständen stellt der Autor Reformansätze aus Deutschland, Italien, Kanada und Österreich gegenüber.

Ulrike Marz

Kritik des Rassismus

Eine Einführung

Reihe theorie.org, 240 Seiten, kartoniert, 12,00 EUR, ISBN 3-89657-699-2

Jenseits von allem identitären oder milieubehafteten zeitgeistigen Duktus beschreibt Ulrike Marz die historische Entwicklung rassistischen Denkens seit der ersten Formulierung von Rassetheorien in der Kolonialzeit bis in die Gegenwart. Von ökonomie- und ideologiekritischen Ansätzen über Diskurstheorie bis zu postkolonialen Ansätzen gibt sie dabei eine Einführung in verschiedene Denkmuster, mit denen sich das Phänomen Rassismus erklären lässt.

Moritz Zeiler

Materialistische Staatskritik

Eine Einführung

Reihe theorie.org, 200 Seiten, kartoniert, 12,00 EUR, ISBN 3-89657-671-2

Die Analysen des Staates gehen unter den Linken weit auseinander. Während der Staat für die einen als Garant des Allgemeinwohls gilt, betrachten ihn andere als das Instrument der kapitalistischen Klassenherrschaft und wieder andere sehen in ihm das Terrain sozialer Kämpfe.

In seiner Einführung präsentiert Moritz Zeiler die zentralen Thesen marxistischer Theorie zum Staat: Die fragmentarischen Überlegungen bei Marx und Engels, die instrumentelle Staatstheorie bei Lenin, die Hegemonietheorien des Westlichen Marxismus von Gramsci, Althusser und Poulantzas sowie die Analysen von Paschukanis zum Verhältnis von Warenform, Rechtsform und Staatsform und später daran anknüpfende Arbeiten von Agnoli, Hirsch, Holloway und anderen. Ebenso zeichnet das Buch die linken Debatten über das Verhältnis von Staat und Faschismus nach – geht aber auch auf libertäre Staatskritik, feministische Ansätze und aktuelle Herausforderungen ein.